JN137375

0～5歳児保育の
写真・動画から学ぶ

保育を見ること、語り合うこと

著 西 隆太朗・伊藤美保子

小学館

もくじ

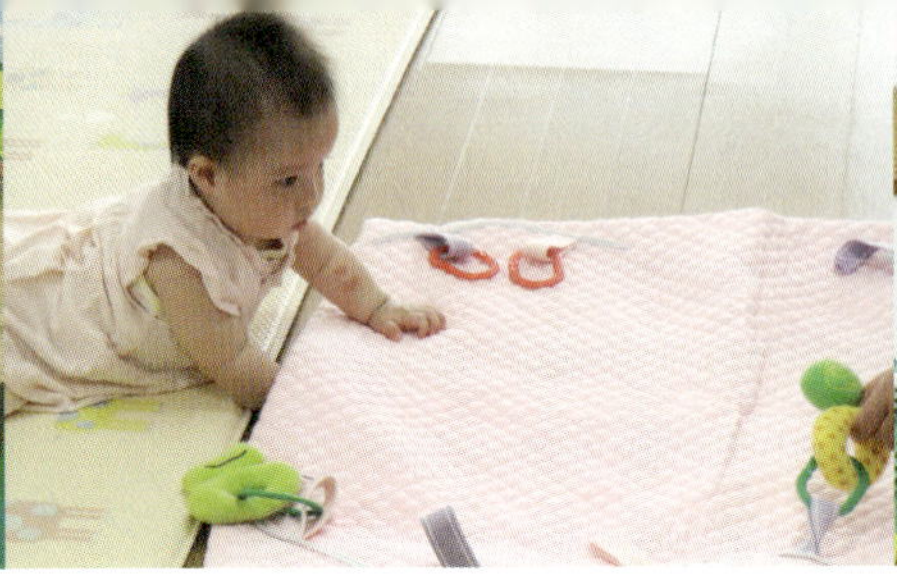

はじめに

この本について

保育を見るとき、そこには心動かされる体験があります。保育の中ではいつでも新しい何かが生まれているし、私たちの予想を超えて育っていく子どもたちと、それを温かく支える先生方の思いに触れることができます。親しく迎え入れてくださる園に恵まれて、私たちは長年にわたって保育を見てきました。

本書は、私たちが心動かされた保育の場面を、写真と動画で描き出したものです。0歳児から5歳児まで、主に遊びの場面を取り上げています。写真や動画は、保育の環境や雰囲気、子どもたちが遊ぶ様子を生き生きと伝えてくれます。また、その場面について私たちが語り合ったことを対話形式で示し、保育への理解を深めています。

本書は、『新 幼児と保育』『0・1・2歳児の保育』誌（ともに小学館）に連載中の記事をもとに、新たなデザインと編集を加えたものです。保育場面を描くうえでは、初めは写真、のちには動画を併用するようになりました。動画はそれぞれ数分程度で、保育の様子をできるだけコンパクトにまとめ、わかりやすいように解説字幕を加えています。保育のエピソード・写真・動画を発表することについては、各園からのご協力と、保護者の方々のご了解をいただきました。

どれも、飾ることのない日常の保育場面を扱ったものです。日々の保育の中で子どもたちと保育者が生み出しているものの素晴らしさを、写真や動画を通して感じていただければと思います。

保育を見ること

保育を見ることは、誰にでも可能なことですが、ある意味では難しいことでもあり、そこには奥の深いものがあります。目の前で展開していく保育を、実感をもって「わかる」ためには、「保育を見る眼」が必要です。

保育を深く理解するうえでは、議論し考えることも大事でしょう。一方で保育とは、人と人とが出会う実践の営みであり、概念的な議論によっては尽くすことのできないものです。ときには概念にとらわれて、保育の実際が見えなくなってしまうこともあります。だからこそ、保育の実践そのものを見るところから出発することも、大事なのだと思い

ます。理論や概念も、実践に根ざした考えに支えられてこそ、意味あるものとなります。

保育を見る眼とは、マニュアルによって身につけられるものではありません。保育の実践には、一律のやり方では汲《く》み尽くせない豊かさがあります。だからこそ、自分の眼で見ること、自分自身の心で感じることが必要です。子どもたちが私たちのもとにやってきて、遊びに誘いかけてくれるとき、泣いて訴えてくるとき、誰かほかの人やマニュアルに頼ってではなく、私たち自身の心をもって接するのと同じことです。そこでは私たち自身の経験、個性、良識が問われるともいえるし、また生かされるともいえます。保育を見る眼にも一人ひとり違う個性があり、そのことに意味があるといえるでしょう。

語り合うこと

保育を体験したあとには、多くのことが心に残り、誰かと語り合いたくなるものだと思います。私たちの「保育を見る眼」は、いつも確かだとは限らないし、見えていないこと、気づけなかったこともたくさんあるでしょう。同じ場面を一緒に見ていても、その理解は少しずつ違っている。だからこそ人は、保育について語り合うことから多くを学ぶのだと思います。

私たちふたりの著者も、それぞれ異なる観点を持っています。西は臨床心理学から出発したので、子どもたちのイメージとその意味、関係性の展開に関心があります。伊藤は、保育者として長年の経験を重ねてきました。子どもたちが育ちゆく姿にひきつけられ、感動を与えられてきたことから、保育観察を続けています。とはいえ、ふたりの考え方や視点には共通点も多くあり、これまでも協力し合いながら保育のエピソード・写真・動画を用いた研究を重ねてきました*。私たちはふたりとも、対話の中でもご紹介する倉橋惣三・津守眞の保育学に影響を受けてきましたが、子どもを尊重し、子どもから学ぶという根本を共有しているからこそ、互いに学び合ってこられたのだと思います。

本を読むことは、対話することと似ています。本書に触れて、読者の方々にもいろいろな思いが浮かぶことでしょう。この本を通して、保育を見ること、語り合うことを、私たちと一緒に、自由に楽しんでいただければと思います。そこから、保育への思いや理解が深められ、それぞれの「保育を見る眼」を豊かにされることを願っています。

（西 隆太朗）

* 西 隆太朗・伊藤美保子『動画で学ぶ乳児保育——0・1・2歳児の遊びと援助』ひとなる書房、2023年

本書の意義・使い方

保育の実践に触れる

0歳児から5歳児まで、子どもたちの遊びの世界、保育の環境、保育者のかかわりを、写真と動画で示しています。保育実践について、具体的に、実感をもって知ることができるでしょう。

子どもの成長・発達を読み取る

子どもの成長・発達にとっては、結果だけではなく、日々進行している過程そのものに意味があります。日常の何気ない場面から、そんな成長・発達を読み取る体験をしてみましょう。

「保育を見る眼」を養う

写真や動画から何が読み取れるでしょうか。対話を通して、私たちも自分の「保育を見る眼」について語っていますので、読者のみなさんも、自由に楽しみながら考えてみてください。

保育を初めて学ぶ人にも、自分の保育を振り返りたい人にも

本書に挙げたのは、どれも私たちが心動かされた、すぐれた保育の場面ばかりです。保育を学び始めた人は、さまざまな園の実際に親しむことができるし、保育の経験を積んだ方にとっても、自分の保育を考える参考となるでしょう。

研修のために

写真や動画で保育を実感できるので、園内研修など、保育者が集まってともに考える研修にも活用していただけます。

（西 隆太郎）

本書の読み方

年齢別・テーマ別に章立てをしていますが、どこからでも、興味のある場面から読んでいただけます。

タイトルの下には、その事例の特徴を示す言葉を3つ挙げています。

対応する動画がある場合には、タイトル下の2次元コードからアクセスしてください。動画を見れば事例の流れがわかるので、動画から先に見ても構いません。

写真を番号順に追っていくと、保育事例の流れがわかります。

事例とその意義について、著者ふたりが語り合っています。

＊本書での「＊歳児」は、4月時点の満年齢を示します。たとえば2歳児クラスには、年度初めは2歳数か月の子どもたちがいますが、年度末には、ほとんどの子どもが3歳数か月になっています。

第1部

0・1・2歳児の
保育現場から

心通じ合う関係と子どもを支える環境

本書で取り上げる0・1・2歳児の保育を見るにあたって
おさえておきたい観点を挙げます。

言葉を超えたかかわり

3歳未満児の保育では、言葉ももちろんですが、言葉を超えて心通じ合う関係が大切になってきます。環境・ものを通して子どもを支えたり、芽生えつつあるイメージから思いをくんだり、そして思いを言葉にしながらやりとりすることを含めて、保育者の多様なかかわりを見いだすことができます。

担当制保育の生活・遊びの実際

訪れた園の3歳未満児クラスはいずれも、担当制の保育を行っていました。生活面では、食事や排せつなど、基本的には同じ保育者がかかわり、それによって安定した愛着関係を築いていきます。同じ保育者が担当する子どもたち同士にも、きょうだいのような親しみが生まれています。

担当制の保育の中でも遊びの場面では、広く自由なかかわりを持っています。ときに誤解されているようですが、かかわりが担当の保育者だけに制限されるわけではありません。

子どもと保育者の関係性

子どもと保育者、また子どもたち同士の間で、安定した関係を大切にしながら保育を行っていることに注目してください。担当制であってもそうでない保育の場合でも、かかわり方には共通のものがあります。

（西 隆太朗）

構成について

第1部では、3歳未満児の保育を、0歳児クラス、1歳児クラス、1・2歳児の3章に分けて取り上げます。月齢によって「1・2歳児クラス」を設けている園や、合同での活動も含まれている関係でこのような形になったのですが、事例は基本的には0歳から2歳の年齢順に並んでいます。

第１章　０歳児クラスの保育現場から

遊びと生活の調和

——ある日の担当制保育から

この園では、一人ひとりの子どもたちの生活リズムに合わせた担当制の保育が行われています。
保育者のこまやかなかかわりのもとで、遊びと生活の調和を見ることができました。

保育者のかかわり　空間構成　保育者の連携

左の2次元コードから動画（約5分10秒）が見られます。

場面 1

1

9月のある日、子どもたちが手作りの積み木を積んだり、崩したりして遊んでいます。Aちゃんは小さな積み木の上にすわってみました。

2

3

それを見た保育者が、もうちょっと大きな積み木を持ってきてくれました。

4

この積み木だと、Aちゃんはまたいですわりたくなったようですが、なかなかうまくいきません。

5

いろいろ試してから、うまくすわることができて、うれしそうにしていました。

Bちゃんは右手にも左手にも積み木をつかんで、両手で持つことができています。

Cちゃんは高く積み上げたあと、積み木と一緒にコロンと倒れて、やわらかなクッションに受けとめられていました。

場面１

手作りの積み木で

西　保育者は複数の0歳児たちとかかわっていますが、どの子の様子もよく見て、一瞬一瞬に子どもたちの思いに応答したり、必要に応じて環境を整えたりしていたのが印象的です。動画で見ると、改めてそのことがわかる気がします。

伊藤　本当に多くのことをされていますが、そこに流れるような自然さがありますね。Aちゃんが積み木にすわろうとするとき、大きさによってどんなすわり方をしようと思うかが、変わってくるんですね。やっぱり、またぐんじゃなくて、腰を下ろして、うまくいったと思ったんでしょう。私のほうにもいい顔を見せてくれました（写真5）。

西　Cちゃんが積み木と一緒に転んだとき、ちょうどやわらかいクッションがあってよかったですね。そのまま居心地よく、クッションの上で安らいでいました（写真8）。

伊藤　幼い子どもたちにとっては、遊び込んだり、保育者とかかわり合ったりする体験ももちろん大切ですが、こんなふうに、くつろいで過ごせる空間があることも大事ですね。

場面 2

保育者が人形を揺らして、わらべうたを歌うと、Dちゃんも体を揺らしながら楽しんでいます。一緒に声をあげて、息もぴったりです。

子どもたちはちょうど、入れたり出したり、積んだり崩したりといった遊びを好む時期です。Cちゃんは積み木をたくさん積んでうれしくなり、保育者はその思いを受けとめながらかかわっています。

その楽しさがほかの子どもたちにも広がって、Eくんは人形に代わって自分が保育者に揺らしてもらっていました。

室内だけでなく、開放的なテラスでも子どもたちは遊んでいます。Fくんはテラスから、園庭で大きい子どもたちが遊ぶ様子を見渡していました。保育者はそれを見守ったり、一緒にテラスでかかわったりしています。

場面2

保育者のかかわり

伊藤　わらべうたは優しく、さりげなく、まわりの空間を包み込むものですね。子どもたちはそれぞれに集まってきたり、自分らしく楽しんだりしていました。

西　テラスからは園庭を見渡すことができて（写真⑬）、大きい子どもたちとも交流が生まれています。0歳児クラスの室内だけではなく、日ごろから外の世界にも触れながら大きくなっていくんですね。

場面３

14

担当制の保育では、食事も全員で一斉にではなく、生活リズムに応じた形で、担当の保育者と一緒にとっています。ここではAちゃんとGちゃんが一緒に食べているところです。

15

近くで遊んでいるBちゃんが保育者を呼ぶと、保育者はBちゃんの求めにも応じながら、また自然と食事の援助を続けていました。

16

17

食事を終えたGちゃんは、また遊びの空間へと戻っていきました。

18

場面３

遊びと生活の空間

伊藤　乳児クラスでは、生活の空間と遊びの空間を仕切っている園を見ることがあります。しかしこの園では、そういう仕切りはなく、生活と遊びが自然とつながっています。

西　保育者はBちゃんの「見てて！」にも自然と応えながら、食事の援助も続けていましたね（写真⑮）。

伊藤　空間が仕切られていると、こうして子どもの思いを汲《く》むことも難しくなってしまいがちです。Gちゃんはそのまま遊びの空間へとハイハイで進んでいきましたが、保育者はその様子も見守っていました。生活のことをしていても、遊びの空間も含めて全体を見渡すことができる空間が作られています。この調和した雰囲気の中で、一人ひとりのことも、クラス全体も大切にする、保育者のかかわりや環境のあり方を見ることができました。

0歳児との触れ合い
——対話する楽しさ

0歳児クラスでは、子どもたちが和やかに遊び、保育者がこまやかにかかわっていました。
言葉を超えて、遊びの中で、対話を楽しんでいるようです。その様子を、写真と動画で見てみましょう。

保育者のかかわり　いないいないばあ　イメージの世界

左の2次元コードから動画（約5分10秒）が見られます。

場面1

布がいっぱい入った、ティッシュボックスのような箱があります。A先生はBくんに、そこにあった布を見せていました。

箱にはいろいろな素材でできた布が入っているので、音も感触もさまざまです。「いないいないばあ」のようにすると、Bくんも関心をもって手に取っています。

場面1
言葉を超えて

伊藤　この時期（訪問したのは2月）の子どもたちが興味を持ちやすい遊具がさまざまに用意されていますね。優しく誘いかける中で、目と目が合って、笑顔が生まれています。

西　保育者は言葉でも思いを伝えていますが、遊具のやりとりや、体を通したかかわりによって、心を通わせているんですね。

場面2

Cちゃんは帽子をすっぽりかぶっては、また顔を出していました。あまり深くかぶっていたので、A先生はちょうどいい具合にしてあげます。

Cちゃんは半透明のスカーフを見つけて、また「いないいないばあ」をしていました。

クラスの先生たちが楽しく声を合わせていて、Cちゃんはそれが本当に楽しいようです。

今度は手で顔を覆ってA先生のまねをしています。

ほかの子の食事の用意をしているD先生にも、「いないいないばあ」を見せに行きました。

場面2

いないいない…ばあ！

伊藤　人とのやりとりが本当に楽しくなってくる時期でもあり、何度も生き生きと、「いないいないばあ」をしていました。この園は担当制をとっているので、D先生はほかの子の食事の用意をしているところですが、そんな中でもCちゃんに笑顔でこたえていました（写真7）。

西　「きっと見ていてくれる」という信頼があるからこそ、こんなやりとりが楽しくなるんですね。間合いや笑顔など、言葉を超えたところで通じ合う喜びがそこにあります。保育学者の津守眞が言うように、人生の出発点に、こうした相互性の体験が理屈抜きに積み重ねられていることが、その人のこれからの人間関係を支えていくのだと思います*。

＊津守 真「保育の知を求めて」『教育学研究』第69巻第3号、2002年

Eくんは、そろそろハイハイが始まるころです。目の前にある遊具に心ひかれて、懸命に前に進もうとしています。A先生は踏ん張っているEくんの足を、そっと膝や手で支えていました。

ずいぶんがんばったあと、Eくんは自分の力で腰を上げ、前に進みます。A先生も「すごい!」と喜んでいました。それからもEくんは、声をあげながら力を込めて前に進もうとしています。

少し横になって遊んだあとは、また誘いかけるA先生のもとへと向かっていきます。

A先生はEくんが体を支えやすいように、腕の位置を整えてあげていました。

場面3

動きに応える

伊藤 ハイハイが始まるころ、保育者は一つひとつの動きをよく見て、子どもの思いに沿った支え方をするのが大事ですね。身体的にも、それから心でも、この保育者は子どものチャレンジを支えています。

西 こんなにも懸命にやり通そうとしているのは、すごいことですね。Eくんは声をあげて、全身全霊の力を込めているのが伝わってきます。人間誰もが通ってきた過程ではありますが、自分自身では思い出せない時期でもあります。そこに誘いかけ、ともに楽しみ、支えてくれる人がいることは、本当に大きな力になっているんですね。

場面４

13

Fくんは車や動物のおもちゃが気に入っているようです。

14

G先生が軽いブロックで道を作ると、自分でもブロックをつないで長い道にしていました。

15

観察者（伊藤）にも、「ぶーぶー」だと教えてくれます。

16

Fくんは車を動かしたり、また自分自身も道の上にのったりして、動くイメージを広げているようでした。動物たちと車を一緒にして、いろいろな遊具を組み合わせて遊びが続いていました。

17

場面４

動きとイメージ

伊藤　保育者が子どもの興味を汲《く》んで、さまざまに提案する中で、Fくんの遊びが広がっていました。

西　ブロックをずいぶんきれいに並べたり、車も慎重につないでは、ダイナミックに走らせたり、いろんな遊び方ができるんだなと思いました。

　立ち上がって動くこともできるし、言葉も出てくるようになって、それからイメージの世界や、そこにある秩序や共同体の感覚など、遊びの世界がずいぶん広がっているように思います。

伊藤　０歳児クラスは、それだけ大きな発達を経験するということですね。子どもたちの発達は本当に多様ですが、どんな違いがあっても、保育者が子どもから生まれる思いを繊細に感じ取って、応答していくことはとても大切ですね。

西　言葉でも、また言葉を超えた次元でも、保育者は子どもたちと対話しているのだと思いました。「いないいないばあ」のように、子どもとの対話は、何気ないように見える一瞬の中に生まれてきます。そんな瞬間を楽しむことのできる日常は、保育にとってとても大切なものではないでしょうか。

遊具を通して伝わる思い
——0歳児クラスの遊びと保育者のかかわり

0歳児の保育では、言葉を超えたかかわりが求められます。
発達に合った遊具を用意することで、その遊具を通して、子どもと保育者、
そして子どもたち同士のかかわりも、豊かになっていきます。

保育者のかかわり　手作りおもちゃ　遊びの展開

場面1

1

柔らかいプレイマットのまわりに、いろいろなおもちゃがつけられています。0歳5か月のAちゃんが入園するので、保育者は低月齢の子どもが楽しんで遊べる環境を作りたいと考えて遊具を作ったそうです。

場面1

手作りのプレイマット

伊藤　よく訪れている園の0歳児クラスを5月と7月に訪問しました。新しく入ってくる子どものために用意した手作りのプレイマットは、いろいろな実践例をヒントに作ってみたのだそうです。マットは優しい色合いで、子どもはたくさんのおもちゃの真ん中で過ごしています。その子が保育園で楽しく、和やかに過ごせるようにと願う、保育者の思いに心を動かされました。

西　おもちゃに囲まれて、四方八方から大切にされているかのようです。寝返りをしたり、体を起こしたりしておもちゃを見たり、手に取ったりする中で動きが生まれてきますね。

伊藤　作るのが大変だったでしょうと保育者に尋ねたのですが、作業自体は30分くらいだったと言っていました。日々の保育の中で、こんな遊具をさっと作れるのも、保育者の実践力ですね。その子を思って過ごす時間があったからこそ、そんなふうにできるのでしょう。

このプレイマットで子どもがどん

Aちゃんは0歳7か月になり、腕を使って上体を起こすことができるようになりました。保育者はおもちゃを使って誘いかけています。

2

3

少し月齢の高いBちゃん（1歳1か月）が、Aちゃんを誘いかけているかのようです。

な遊び方をするか楽しみに見ていました。ちょうどAちゃんはこれからハイハイが始まりそうな時期です。

西　発達の目覚ましい0歳児クラスでは、同じクラスの友達でも、いろいろな発達状況があります。移動運動にかけてはBちゃんが少しだけ先輩ですね。

3歳以上児の異年齢クラスでは、大きい子が小さい子のお世話をしたり、小さい子が大きい子の姿に触発されたりといった体験が生まれるといわれますが、子ども同士ケアしたり、触発し合ったりという体験は異年齢クラスに限らず、0歳児から始まっているんですね（写真3）。

伊藤　0歳児クラスで子どもたちは、移動運動でも大きな発達を遂げていきますが、つかんだり、離したりといった手指の動きも相当に育っていきます。そうした発達にふさわしいプレイマットのような遊具が、すぐそこに用意されているのは大事なことですね。あえて取り出して提供するというのではなく、子どもたちが普段から自由に興味を持って遊べることが、豊かな発達の体験につながっていくと思います。

先生が遊具で誘いかけると、Cちゃん（0歳11か月）も気がつきました。

Cちゃんは、柔らかい筒状のおもちゃを積み重ねる様子に興味をもって、自分もしてみたくなったようです。

先生がそのおもちゃを穴のあいた箱に入れると、Dちゃん（1歳2か月）も関心をもってやってきました。

子どもたちの関心が箱のほうに向かって遊び始めると、保育者は使わなそうなものをさっと整理しています。

場面２

入れたり出したり

伊藤　場面１とは別の園を７月に訪問し、主任保育士が０歳児とかかわる様子を見せていただきました。０歳児クラスでは、担任と違う人が来ると、人見知りの時期の子が泣いてしまうことがあります。主任保育士でもちょっと間が空いたりすると泣かれたりします。そんな中で、乳児保育を長年経験してきたこの保育者は、本当にスムーズに入っていくなあと思いました。さりげなく誘いかける中で、子どもたちが興味を持ち、ひきつけられていきます。

西　無理に入っていくのではなく、温かなまなざしを向けながら、その子が関心をもって自分からかかわっていくのを受けとめていますね。発達状況も少しずつ違っている子どもたちが自分らしいやり方で楽しめるように、それぞれの子どもに応じて誘いかけています。

伊藤　もう使わなくなった遊具を保育者がさりげなく片づけているところも心に残りました（写真７）。

西　何もかも片づけきるような堅苦しい気持ちではなく、そのときの子どもたちが存分に遊べるようにという配慮なんでしょうね。保育者の側のこだわりではなく、子どもたちの遊びの流れに沿ってしていることです。

伊藤　遊びに流れができていくのも印象的でした。０歳児の子どもたちは、ひとつのことを長時間やり続けるわけではないので、いろいろな遊びを用意しておくことが多いのですが、この場面では気の向くままにバラバラな遊びを試しているのとは違って、何となく全体としてのつながりが感じられます。

西　はじめから保育者が「遊びをこう展開させよう」と決めてしているわけではないのでしょう。そこにあるもの↖

保育者は、今度は布を出したり、入れたりを始めました。

Ｄちゃんがやってみると、それにひかれてＣちゃんも挑戦しています。

保育者が箱を持ち上げると、中身が出てきました。

子どもたちも箱の中身がどうなっているのか、興味津々です。それからも、いろんな素材を試しながら、入れたり出したりを楽しんでいました。

をよく知っていて、それを活用しながら、子どもたちがどんなふうに興味を持つのかをよく見て応答していくうちに、遊びが発展していくのだと思います。

伊藤　遊具はさまざまな素材でできていて、同じものでも遊び方をどんどん変えていけるものが用意されています。布はいろいろ形を変えられるし、引っぱったり揺らしたり、たたんだりと多様な扱いができるので、3歳未満児の保育では特に活躍する素材ですね。入れたり出したりしているおもちゃも、大きさ、長さ、太さ、柔らかさの違うものがたっぷりあって、チェーンリングのように柔軟に形を変えられるものも用意されています。箱は大きくて、複数の子どもたちが集まって遊ぶことができます。

西　保育者が箱を持ち上げて中身を出したときに、子どもたちは箱がどうなっているのかをじっと見つめています（写真⑪）。そのとき、ふたりともさっと気づいて見上げました。ものの仕組みを理解したいという知的好奇心が生き生きと表れています。

作り込まれた指導案のようなものが先にあるわけではないでしょう。保育の計画は、保育環境の中にも、子どもたちの中にもあって、保育者とのやりとりの中からも生まれてくるのだと思います。保育者にも、きっとこんなふうにして子どもたちと一緒に楽しめるだろうという感覚があって、子どもたちのことをよく知っているから、子どもたちとともに遊びを展開していけるのだと思います。

伊藤　そういうものが保育者の中になかったら、遊びは長続きしていかないでしょう。0歳児のクラスで、楽しさがつながって広がる遊びの展開が、本当に自然で温かな雰囲気の中でなされていることが、改めてすごいことだなあと思いました。

保育を考える キーワード ❶

「子どもの居場所」
――言葉を超えて、心通じ合う関係が出発点

遊びに誘い、思いを共有する（p.21）。

園が安心できる居場所になることは、保育の出発点です。その子が大事にされていると感じられるような、クラスの雰囲気。子どもが自分らしく遊ぶことのできる保育環境。何よりもまず、保育者の子どもへの思いがあって、それがさまざまなかかわりを通して子どもに伝わるのだと思います。

実際の保育では、“こんな遊びを楽しんでくれるかな”と思って準備してみても、0歳児ならそれほど長く関心が続かないこともあります。一緒に遊んできっかけをつくったり、できたことを一緒に喜んで受けとめたり、そうしているうちに、子どもが何かを自分からやり始めるときが来る。そんなとき、たとえ小さなことであっても、その子のことをよく見ていることが大事です。

子どもの思いを受けとめる、そんな体験を重ねる中で、子どもとの信頼関係が深まっていきます。0歳児は言葉を使ってしゃべるわけではないけれど、まなざしやかかわりを通して、保育者が思いを言葉にして話しかける中で、「対話」しています。言葉を超えて相手と心を通わせる体験を、人は生まれながらに持つことができる――大きくなってももちろんですが、0歳児クラスの保育では特に、そのことを感じさせられます。互いに心通じ合う関係の中で、「居場所」の体験も深められ、確かなものになっていくのだと思います。

（伊藤美保子）

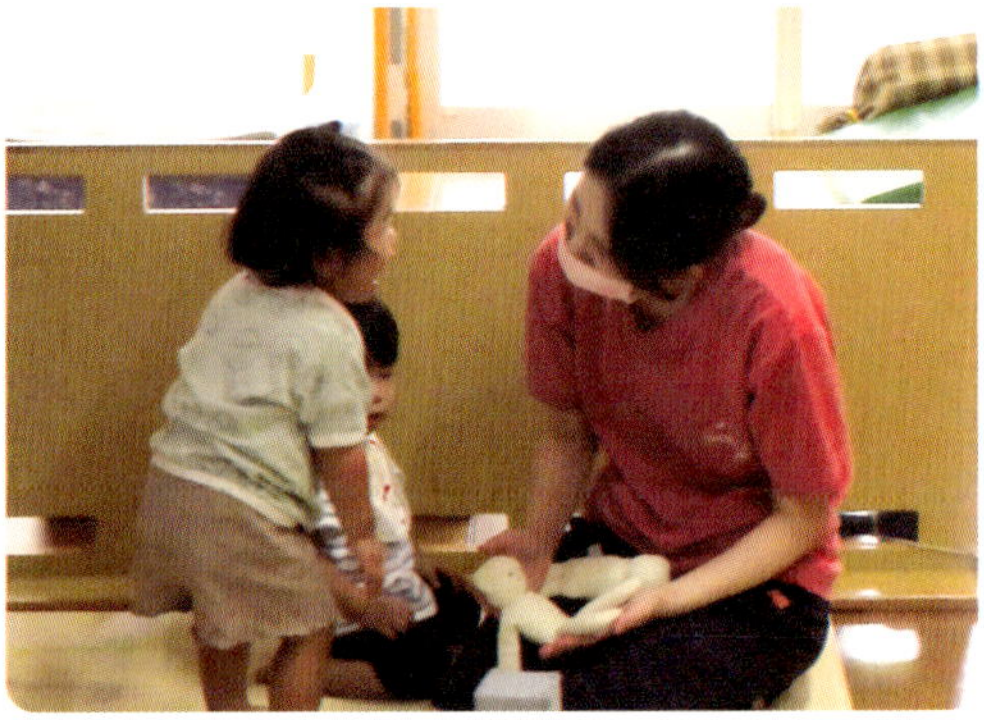

歌のリズムで呼応し合う（p.12）。

第2章　1歳児クラスの保育現場から

見るものすべてを遊びに変えて

――乳児保育の中の遊びと環境、関係性

3月のある晴れた日のことです。保育室のテラスを出たところの園庭は、0・1歳児がともに遊ぶ空間となっていました。歩き始め、走ることもできるようになった子どもたちは、見るものすべてにチャレンジし、自分の世界をさまざまに広げています。

園庭の環境　子どもから生まれる遊び　手作り遊具

場面1

1

広い園庭では大きな子どもたちが元気に走り回って遊んでいます。

保育者が手作りで用意した遊具が置かれています。Aくんは車に乗って、「テントウムシの門」へと楽しげに向かっていきました。

3

2

園舎に近いあたりは0・1歳児が遊ぶ場となっています。柵もないので、年齢の違う子も自然な姿で親しんでいます。赤い帽子の1歳児クラスの子は、5歳児クラスの子に甘えて抱きついていて、大きな子たちもうれしそうです。

4

5

Bちゃんはダンボールの押し車を見つけると、さっそく全身を使って押していきます。そうして向かう先は、やっぱり優しい先生のいるところです。

6

場面１

園庭という空間

西　子どもたちが、本当に自由に、楽しく遊んでいるのが印象的でしたね。この園では年齢別のクラス編制をとっていますが、園庭ではクラスを越えた自然な交流が生まれています。

園長先生は、「境界をつくらないようにしている」とおっしゃっていましたが、それが自然なつながりを可能にしているようです。小さい子は大きい子が遊ぶところを普段から見て親しんでいるので、自分の遊びの中にもどこかで影響を取り入れていきます。また園庭を使う際にも、いまは一緒に遊べるなとか、いまは安全上こっちで遊んだほうがいいなとか、自分の頭で考えて動くことができています。

伊藤　どういうクラス編制でも、園庭は年齢を越えて、自由なかかわりが広がる空間ですね。

保育者の手作り遊具も工夫されています。テントウムシの門も、ダンボールでできた軽くて安全なものですが、しっかり作られていて、簡単には倒れないようになっていました（写真３）。

7

8

よく晴れた日に、また園を訪れました。今日も園庭で、前述のBちゃんは次々と遊びを見つけています。扉が並んだ遊具を見つけると、上手に身をかがめて、どんどんくぐり抜けていきました。

9

牛乳輸送缶のような箱を見つけると、全身を使って懸命に持ち上げています。

10

自分の体の半分近くあるような大きな箱ですが、どうしてもふたついっぺんに持ちたいようで、落としてもまた拾い上げて、運んでいました。

場面 2

園庭でクラスで

伊藤　子どもたちが自分らしく遊べているときって、本当に生き生きとした表情だし、いつも見とれてしまいます。0・1歳児の時期、ひとつの遊びを長時間やり続けるというのとは違って、関心はさまざまに動いていきます。そんな中でBちゃんは、いつでも目に入ったものから楽しみを見いだし、自分から遊びをつくり出しているなあと思いました。いくつもの扉を通り抜けたあとの表情、大きな箱を思ったとおりふたつも持ち運べたときの表情は、とても充実しています（写真8 10）。

西　このころの子どもたちは、見るものすべてを遊びに変えていく力を持っているんですね。何かに注意が向かうと、さっそくそれを自分で手にとったり、押したり引いたり、それから乗ったりくぐったりと、自分の全身を使ってその「もの」とかかわっていきます。

　私たちもいくつもの扉を通り抜けて大人になってきたわけですが、Bちゃんの充実した笑顔も、そんな未来につながるものかもしれません。保育の中で生まれるこんな充実した瞬間を、津守眞は「発達の体験」と呼んで大切にしていました＊。

伊藤　興味は移り変わっていくものと言いましたが、時間を計れば十数分のことかもしれないけれども、その間に子どもたちは一心に遊んでいるなあとも思います。Cちゃんはどこまでもハンカチを重ねていました。それもとても丁寧にできていて、指先の操作をはじめ、いま自分が持っている力のすべてを打ち込んでしている姿が印象に残りました（写真11 12）。

　風船で遊ぶのも子どもたちにとって楽しい体験だと思います。揺れる風船を目で追ったり、触れてみるとふわっ

＊ 津守 真『子ども学のはじまり』フレーベル館、1979年

そろそろクラスに戻る時間です。1歳児のクラスでは、Cちゃんがハンカチをたくさん集めて、何枚も何枚も、きれいに重ねていました。

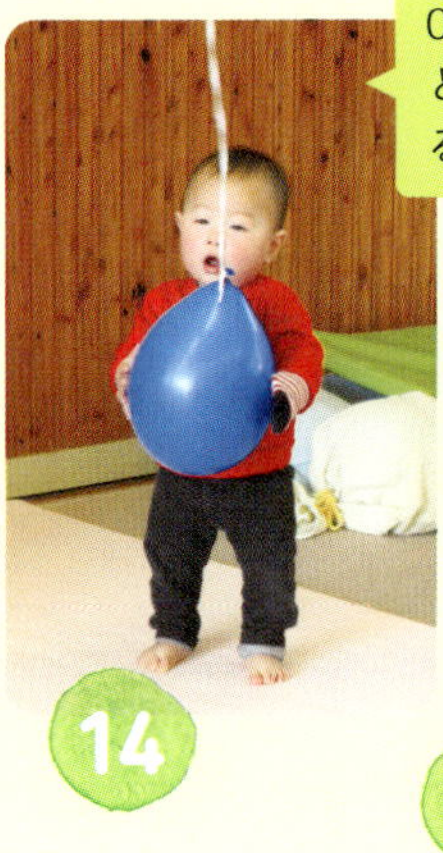

0歳児のクラスでは、Dくんが揺れる風船と戯れているところでしたが、何度もしているうちに両手で上手にキャッチできました。

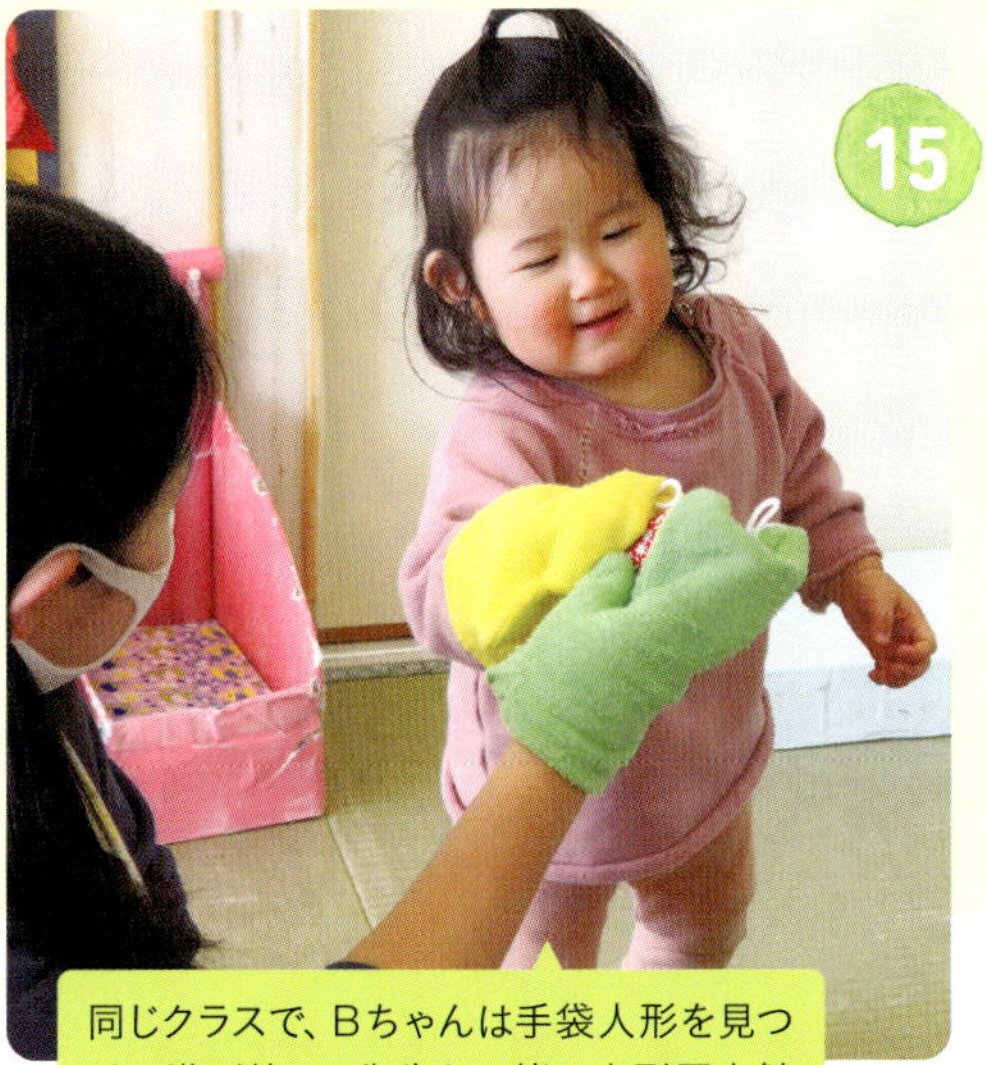

同じクラスで、Bちゃんは手袋人形を見つけて遊び始め、先生と一緒に人形同士触れ合って、とてもうれしそうにしていました。

と跳ねて、また戻ってきたり……。ほかの園の1歳児クラスでの例ですが、これと似た風船で遊んでいるうち、ヘディングではね返せた子もいました。偶然もあるとは思いますが、風船の独特な動きから、子どもたちのいろいろな可能性が引き出されていくのだと思います。

西　一つひとつの遊具が持っている性質が、子どもにとっては新しい体験や発見につながるし、また同じ遊具からも、子どもたちは私たちが思う以上の遊び方や可能性をつくり出していきますね。

「もの」はさまざまな形で子どもたちの遊び心を触発してくれますが、そんな楽しさが生まれるのも、安心して信頼できる「ひと」がいるからでしょうね。

伊藤　保育者はとても優しく子どもたちとかかわっていて、一人ひとりの様子をよく見ていました。子どもたちに向ける笑顔も、とてもいい雰囲気を持っているなあと思っていました。

西　この園では「ゆるやかな担当制」がとられていて、普段からクラスの保育者と子どもたちの間で信頼が深められていることも、Bちゃんが安定して遊べる背景にあるのでしょう。

ここで一緒に遊んでいる保育者は1年目の先生だということですが、Bちゃん自身もこの世界に迎えられて1年を数えたところです。見るものすべてが新しい1年の中で、何もかも1からつくり上げていく。子ども自身がそうしているプロセスに、保育者もかかわっています。保育者の1年目も、それと同じように日々かけがえのない体験が積み重ねられていて、それが今日のような笑顔につながっているのでしょう。

ともに遊ぶ楽しさ
——言葉を超えて触れ合う中で

0・1歳のクラスで、子どもたちが一緒に楽しく遊んでいます。
年度末、幼い子どもたちの間では言葉を超えて、自然とかかわりが広がっていました。

園庭の環境 / 手作り遊具 / 保育者のかかわり

左の2次元コードから動画（約5分20秒）が見られます。

場面1

1

3月の雨の日に、1歳児クラスを訪れました。子どもたちは車に乗って遊んでいます。保育者が駐車場を用意しているので、みんなはそこに入ったり、また出発したり、上手に車を運転していました。

2

そうして車同士がぶつかると、ただそれだけで楽しくなって、ふたりで一緒に笑っています。保育者も、「そんなに楽しいんだね」と声をかけていました。

雨の日なので、外に出て遊ぶことはできませんが、子どもたちは窓辺でカラフルな吸盤を使って遊んでいました。Aちゃんは、どれだけ高いところにつけられるか、懸命に手を伸ばしています。

みんなで一緒に遊びながら、雨の園庭を眺めていました。

場面１

ある雨の日に

伊藤　乗り物を自分で運転することを、この時期の子どもたちは本当に楽しんでいますね。手も足も、身体能力を駆使して、いろんな車を乗りこなしていきます。

西　歩いたり、走ったりもそうですが、自分の意思で自由に移動できることは、子どもたちにとって大事なことであり、喜びなんでしょうね。

　偶然ぶつかったりするのも、かえって楽しかったりします。友達と一緒に遊ぶって、予定どおり進むとか、ルールに沿って何かをするというだけではなくて、こんな何気ない出来事が、心から楽しかったりするものですね（写真②）。

伊藤　Aちゃんには、以前にもこの園で出会いました（24～27ページ「見るものすべてを遊びに変えて」のBちゃん）。どこまでも高く手を伸ばそうとする姿を見ていると、本当に大きくなったなあと思います（写真③）。

西　窓辺のガラスを通して、子どもたちはいつもと違う園庭の様子や雨の日の雰囲気も感じながら遊んでいるんでしょうね。

場面2

「場面1」と同じ3月の、今度は晴れた日に、園を訪れました。園庭では、0歳児クラスと1歳児クラスが一緒に遊んでいて、保育者の作った手作りの遊具もたくさん用意されていました。Bちゃんは、手に持てる限りのかばんを持って歩いています。

そのまわりでは、Aちゃんがダンボールの箱を高く積んで、ちょこんと指先で倒して遊んでいました。

集まってきた子どもたちは、0歳児も1歳児も、一緒に箱を積み上げていきます。そばでは保育者が、遊びやすいように見守り、子どもたちの声に応えていました。

砂場のところでは、ふたりの男の子が遊んでいます。見ていると、砂をスコップですくって、車のハンドルのところにためているようです。ハンドルの中心に砂をためるのは難しそうですが、何度も一緒にチャレンジしています。

場面2

園庭にて

伊藤　Bちゃんのように、子どもって、持てる限りのものを持って歩くなあと思うんです。それも、どの子も自由に手に取れるように、保育者が遊具を十分に用意している環境だからだと思います。

西　誰かを思いやって調節することはあっても、はじめから「この程度でいいや」といった発想は、子どもにはないようですね。自分の中に必然性があるから、どこまでもやってみるのでしょう。

　ダンボールもいろいろな遊び方がありますが、自分より高いところまで、どんどん積み上げていきますね。その過程には、0歳児も1歳児も一緒に参加しています。壊れることもありますが、できる限りのところまでやり切ってから壊れるのは、また楽しくもあるんでしょうね（写真⑥⑦）。

伊藤　互いに細かく調整し合って組み立てるというよりは、ともかく一緒にやってみたいという感じでしょうか。クラスは違っても月齢は近い子たちもいて、一緒に園庭にいるからこそ、こんなかかわりが広がっていきます。また、この場面では、子どもたち一人ひとりに保育者が優しく丁寧に応答しているのが印象的でした。その様子は動画で見ていただきたいのですが、そんな保育者がともにいるからこそ、子どもたちも自分らしい遊びを展開することができます。

　ハンドルに砂を乗せる場面は、こんな遊び方があるんだと思って撮ったものです。

西　子どもたちは、身のまわりのちょっとしたきっかけから、遊びやチャレンジを生み出していきますね。ひとりが始めれば、言葉で説明しなくても、その楽しさを見てとることができるのでしょう。保育者も、言葉を超えてそんな楽しさに気づいていたいですね。

場面3

保育者が園庭に飛び石を用意すると、子どもたちが集まってきて跳び始めます。

11

12

跳躍の瞬間、本当に全身の力で跳んでいます。

誰かが「おっと〜！」と着地の際にわざと転がってみると、ほかの子もすぐに同じようにしてはしゃいでいました。そんなふうに地面に転がってみると、黒いマットのところは日差しを受けて暖かくなっています。Cくんもそれに気づいて、「あちー！」と叫んでいました。

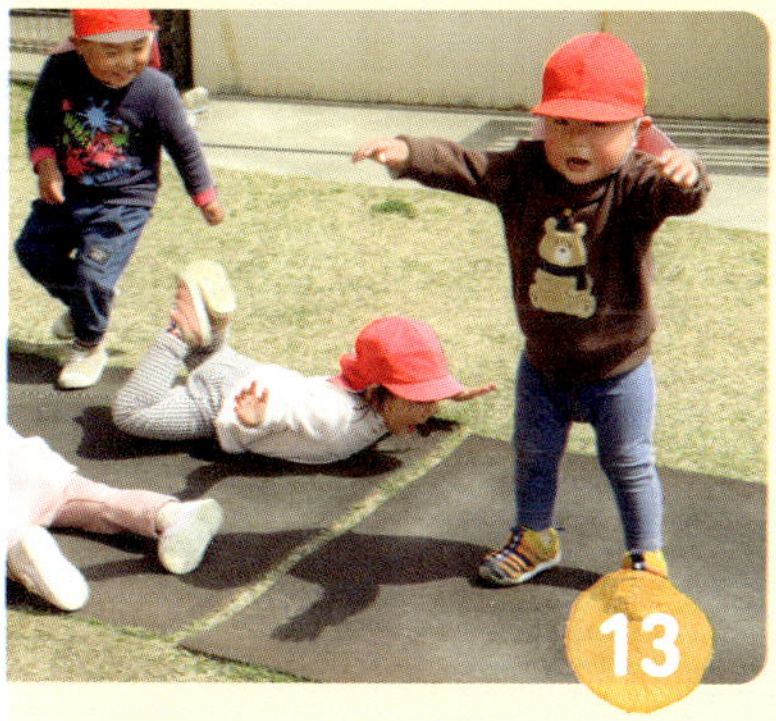

13

14

15

園庭で存分に遊んだ後は、クラスに戻ってもうすぐお昼です。0歳児クラスのBちゃんは、赤ちゃん人形のお世話を始めて、人形のための布団を持てる限り手にして、歩いていました。

場面3

全身で感じるもの

伊藤　飛び石ひとつをとっても、一人ひとり、その子らしい遊び方があって、それがみんなの遊びを楽しくしていきます（写真⑪⑫）。

西　よく見ると跳ぶ順番もいろいろで、ルールがあるような、ないような感じなのですが、それぞれの子どもたちの思いに沿って、自然とうまく調節し合っているようにも思えます。

　黒い部分は土と暖まり方が違うという発見は、科学的好奇心の始まりでもあります。意図してそう仕向けるというよりも、子どもたちが全身で、心から楽しんでいるときに、そんな偶然の発見がいろいろと生まれてくるのだと思います。幅広い体験をする中で、子どもたちの発見に大人の側が気づいていくことが、子どもたちの好奇心を育むことにつながると思います（写真⑬）。

伊藤　Bちゃんは園庭でのかばんと同じように（30ページ）、やっぱり持てる限りの布団を抱えて、赤ちゃん人形のお世話をしていますね。

西　自分自身もこの世に生まれてまだ1年か2年の子どもたちですが、赤ちゃんのお世話をするのは好きですね。それがとても大事なことだと知っているのでしょう。自分が受けたものを、思いを込めて誰かに返していく。それも、子ども自身が家庭や園で、そんなふうに大切にされてきたからなのかもしれませんね（写真⑭⑮）。

イメージの広がり
——楽しさをつないで

1歳児クラスでの、12月のある日の風景です。子どもたちがそれぞれに自由な遊びを楽しむ中で、遊びのイメージが少しずつ広がり、まわりの子たちにも、つながっていきました。

保育者のかかわり　絵本　イメージの世界

左の2次元コードから動画（約4分30秒）が見られます。

場面1

子どもたちはわらべうた遊びが大好きです。保育者がAちゃんと手をつないで「かんてきわって」の遊びをしていると、Bちゃんも遊びたくなり、やってきました。保育者はそれに応えて一緒に遊びます。

そのあと、保育者はAちゃん、Bちゃんにふたりでやってみることを提案しました。先ほどの遊びはふたりにはちょっと難しいようなので、「ぎったんばっこん」になりました。その様子を見ていたCちゃんもやりたくなって、代わる代わる、一緒に遊んでいました。

場面1
わらべうた遊び

伊藤　わらべうたの響きが、あたりの空間を優しく包んでいます。最初はAちゃんとしていた遊びですが、その楽しさにひかれてほかの子たちもやってくるので、保育者はどの子の思いも受けとめて、順番にしてあげたり、子どもたちの間に遊びを広げる提案をしたりしています。

西　保育者が誰かをケアしているとき、それはひとりの子どもだけのことではなくて、まわりの子にも自然と伝わっていくんですね。遊びの楽しさ、体が揺れる感覚、歌の響きを介して、子どもたちは自分から能動的にかかわりを求めていきます。それも、保育者のまわりに温かで優しい雰囲気が広がっているからでしょう。

場面 2

6

絵本のコーナーでも、保育者が子どもたちに同じ本を読んでいます。

5

いろいろな動物が載っている絵本（『たっぷり どうぶつずかん』*1）。子どもたちはゴリラのまねをしながら楽しんでいました。

7

Dくんは、「キリンはこうやって寝るんだね……コアラはこうだね……」と、さっそく絵本から得た知識を取り入れて、動物が眠るのを、身をもって演じているうちに、自分も少し眠くなってきたようです。

場面 2

動物の絵本

伊藤　幼い子どもたちは、大人のように字を「読む」わけではありませんが、自分らしい読み方で、絵本を楽しんでいます。ゴリラの様子も、形をまねしているというよりも、その生きた姿を体現していますね（写真5）。

西　絵本を読むとき、大人はどうしても字のほうに気を取られてしまうのですが、子どもはそれとは違って、絵本の全体を受けとめているようです。日本で独自の保育学を築いてきた津守眞は、幼い子どもの発達と絵本の関係について、こんなふうに述べています。

「2才児の行動は、5才児より劣っているのではない。字を読めない時期には、字を読むようになったときよりも、絵をゆっくりと味わって見る」*2

動物の眠り方も、知識として取り入れるだけでなく、自分で体現して、実際に眠くもなっている。子どもたちの世界では、心ひかれるイメージが、知性と感性と体を通して、体験されています。そんなところにも、乳幼児期の豊かさがあるように思います。

*1 写真／内山 晟 他（ひかりのくに刊）　*2 津守 真・稲毛教子『増補 乳幼児精神発達診断法 0才～3才まで』大日本図書、1995年

Eちゃんは、マットが滑り台のようになっているのを見つけて、自分も滑りますが、人形も滑らせています。人形と一緒になって遊んでいるようです。

8

9

10

Eちゃんの様子をFくんが見つけて、みんなで滑って遊び始めました。

場面 3

人形と一緒に

伊藤　1歳児クラスでは、赤ちゃん人形のお世話をして遊ぶ子どもたちも多いですが、こんなふうに人形と一緒になって遊ぶなんて、本当に想像力豊かですね。

西　それも人形とおとなしくやりとりをする形ではなく、運動遊びを一緒にしているんですね。

伊藤　Fくんは、Eちゃんが楽しそうにしているのを見つけて、すんなりと一緒に遊びの中に入っていきましたね。こういうときの子ども同士のつながりって、とても自然な気がします。

西　大人が外から見たときには、「人形を抱えているな」というくらいで、一緒になって滑って遊ぶのを心からうれしく思っている、その気持ちまでは気づかないこともありますよね。でも、子どもたちは遊びの外面だけでなく、その子が抱いているイメージや、今体験している楽しさを、心で感じ取っている。保育の場に身をおくときには、私たち大人も、そうした内的体験の次元に心を開き、その思いを子どもたちと共有していたいものですね。

場面４

Gちゃんが絵本を読んでいます。いろいろな野菜が登場する、言葉遊びの絵本『おやおや、おやさい』＊3です。米津玄師の『パプリカ』を歌いながら、ページをめくっていました。読み終えると最初に戻って、今度は指で字をなぞりながら読み上げているつもりのようです。

「カボチャ、うごかない。ニンジンも、うごかない。キュウリも、うごかない」――きっと、野菜のお話を自分なりにつくり出しているのでしょう。そのうち、保育者がするように、私（伊藤）にも読み聞かせてくれました。

絵本をくるくる回し始めて、ビート板のようにして進み、「すいすいすい、動きます！」と声をあげます。

そうしてたどり着いた先で、また私に「じゃーん」と絵本を見せてくれました。

場面４

子どもが読む絵本

西　字にとらわれていると見えない世界が、この子には今見えているし、今しか味わうことのできない豊かさが、そこにあります。絵本も、Gちゃんに読んでもらうことによって生かされ、その本当の楽しさを引き出してもらっているようです。『パプリカ』の歌は絵本の文字に直結しているわけではありませんが、野菜からの連想かもしれませんね。絵の中の野菜はもちろん「動かない」わけですが、そんな野菜たちも物語の中では徒競走で活躍しています。そしてGちゃんは絵本と一緒に動き出しました。「すいすいすい」と言っているのは、泳ぐ楽しさの表現でもありますが。それもこの子なりのこの絵本世界の描写であり、「読み聞かせ」でもあるのだと思います。Eちゃんの人形もそうですが、遊具も絵本も、子どもたちの心によって生命を与えられるのだと思います。絵本を読むとは、言葉や芸術の体験であるとともに、身体感覚を含めてその子自身がイメージをふくらませながら体験していく過程でもあります。

伊藤　絵本と出会って生まれた体験の世界を、Gちゃんは観察している私ともいろんなやり方で分かち合ってくれました。ひとつのイメージを、身も心も動かしながら味わい、発展させ、そして楽しさとともに人との関係の中にも広げていく――子どもたちがもっているそんな力を、改めて感じさせられます。

＊3 文／石津ちひろ 絵／山村浩二（福音館書店刊）

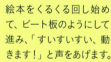

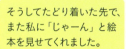

「行っては帰る」遊び
——“きっと見ていてくれる”という信頼

子どもが始めた遊びに応える（p.25）。

子どもたちは、保育者のそばにいるのも大好きですが、一方で、自分からそこを離れて、新しいことを始めます。そんなとき、立ち止まって振り返るのは、ちゃんと見守ってくれているか確かめているのでしょう。保育者が笑顔で応えると、安心して遊んで、また帰ってくる。そんなことを何度もくり返す時期が、どの子にもやってきます。

児童精神科医の佐々木正美先生はよく、“振り返ったとき、自分を見ていてくれる人が必ずいる”という体験が大事だとおっしゃっていました*。保育者は、子どもが自分のもとを離れて何かをし始めたとき、それを主体性の表れとして、“この子が自分自身で世界を知ろうとしている第一歩なんだ”という思いで見ていることが大事だと思います。それから、何かが起これぱいつでもすぐに支えられる用意をしていること。保育者のもとを離れては、また受けとめてもらう体験をくり返すことで、子どもの世界は広がっていきます。

人間って、そういうものなのでしょう。一度家を出たら、どこまでも振り向くことなく進み続けるわけではない。家に帰って安らげるのは幸せなことだし、そこでいったん自分をリセットして、また次へと進む活力を得ていく。誰もが一人ひとり自分の道を進みながらも、互いに支え合いながら生きているのだと思います。

（伊藤美保子）

隠れたけど、見つけてほしい（p.49）。

* 佐々木正美（1935-2017）。主著『子どもへのまなざし』（福音館書店、1998年）ほか。

第3章　1・2歳児クラスの保育現場から

2歳のころ
――友達同士のかかわりの場面から

年度末、1歳児クラスの子どもたちも大きくなり、多くの子が2歳を過ぎたころです。
子どもたち同士、かかわって楽しく遊ぶことが、ますます増えてきました。

場面1

友達関係　絵本　心に寄り添う

Cくんはふたりに、布団のような布をかけてあげました。2歳のころ、楽しさを共有するかかわりも増えてきますが、誰かが悲しんでいるときにも、子どもたち同士のかかわりが見られます。

Aくんは車のおもちゃで遊んでいましたが、ほかの子に取られそうになってしまいました。結局は取られずにすんだのですが、それでも嫌だったようで、見ていた保育者にも慰めてもらったのですが、どうも機嫌が収まらず、床に突っ伏してしまいました。

するとそこにBちゃんがやってきて、同じように横になりました。それでAくんの表情も少し柔らかくなったようです。

場面1
友達の思いに寄り添う

伊藤　2歳のころ、自我のめばえに伴って、「ものの取り合い」ということも、よく起こってきます。ここでAくんが取られたくないと伝えることができたのも、大切な自我の成長の表れだといえるでしょう。

　何かトラブルを経験したとき、なかなか立ち直れなくて……ということは、誰にもあると思います。そんなとき、保育者もどんなふうに支えようかと思うのですが、友達の心を明るくする子どもたちの力を、改めて感じさせられました。

「寄り添う」とは、まさにこういうことなのだと思います。「つらかったね」と言葉にするだけではなく、すっと同じ姿勢で、すぐそばで、本当に寄り添っています。自分のほうから、相手の心のあるところへと動いていく。↘

西　共感する姿勢について、英語には「相手の靴を履く」という表現があります。相手の立場に身を置いてみるわけですが、履き慣れた自分の靴を一度脱ぐところがおもしろい表現です。相手の心に触れるには、自分を守ってばかりではいられないんですね。保育研究者の津守眞・津守房江も、

「自分の中にある心の枠から出なければ他者とは出会えません。特に子どもとは出会えないと実感しています」

と述べています*。

　大人にはかえって難しいことかもしれませんが、子どもたちはそんな共感を、体ごとさっと表現してくれます。言葉だけでなく、自分から動くことで、心が通じ合うし、思いが伝わるのだと思います。

伊藤　何かを「かけてあげる」中に、とても温かいものがある気がします。幸せそうな笑顔です（写真3）。

西　2歳前後のこの時期に↖

* 津守 眞・津守房江『出会いの保育学―この子と出会ったときから』ななみ書房、2008年

3

3人とも何だか楽しくなってきました。

Aくんは元気が出てきて、Bちゃんの布を器用に足でめくってじゃれあい、立ち上がって遊び始めました。

5

4

布をかけてもらったAくんとBちゃんは、見つめ合って笑います。

友達への気づかいが増えてくるという発達研究があります。見つめるとか、なでてあげるといった「行動」が取り上げられやすいのですが、実際の子どもたちがつくり出している世界には、それ以上の広がりがあります。外から見てとりやすい「慰め行動」だけでなく、寄り添って安らぐ、布をかけてあげるといったことが、かえって心を癒やすことがあります。直接的な言葉以上に、イメージの世界が大きな役割を果たしているのです。

伊藤　保育者ももちろん、いつも子どもを見てあげて、その子の気持ちを受けとめようとしているのですが、こんなふうに同じ姿勢で寄り添う姿を見ていると、私たち大人にこれだけのことができているだろうかと自問します。子どもたちは、そういうことを瞬時にわかって自分から動いていく。その姿に、子どもの持つ素晴らしい力を感じます。

友達がいるから、こういうことが起こってくるのでしょう。この保育園の乳児クラスでは、担当制の保育を行っていますが、この3人の子どもたちは、同じ保育者の担当で、ごはんを食べるのもそうだし、いつも一緒に生活してきました。そんな中で育ってきた力なのかもしれません。

西　ひとつの言葉かけや、ひとつの「慰め行動」に効果があるというよりは、一緒に生活していて、いろいろなことが起きてくる中でともに育っていくのが、現実ではないかと思います。

いわゆる「研究」の場合には、子どもの行動がカテゴリー化されて採り上げられることが多いのですが、実際の保育の中には、それではとらえきれない豊かさがあって、保育者はそれを日常目にしています。その瞬間しかない、子どもたちが生み出す豊かさに気づくことも、保育者の専門性のひとつではないでしょうか。

DちゃんとEちゃんが、それぞれ絵本を手にしています。Dちゃんは絵本の中身を覚えているようで、ページをめくっては、「あつまれ～！」「ワンワンがいました！」と満面の笑顔です。Eちゃんも別の絵本をめくって読み、最後は「おしまい！」と言ってふたりで笑い合います。

そうしてかわりばんこに読んではめくり、楽しく笑ううち、隣で見ていたFくんも、自分で絵本をめくり始めました。

場面2

絵本を読み合う

西　立ち上がって朗読する様子は、何だか読書会のようです（写真7）。

伊藤　先生が読んでくれたのをよく覚えていて、その一番楽しいところを再現しているというか、自分たちでもっと楽しい体験にしているようですね。

　言葉が増えてきていることもあって、友達とのかかわりが一層広がっています。ちょうど年度の終わり、1年間ともに育ってきた仲間だからこそ、こんな充実した楽しみが生まれるのでしょう。

西　いつまでもくり返しては笑い合っていましたね。人はひとりで微笑むこともありますが、心から笑えるのは、こんなふうに相手と体験を共有できるからなのでしょう。理屈抜きで人と心通じ合うことができる相互性を体感しながら、人間関係の原点となる体験を重ねているように思います。

　Fくんはふたりをずっと見ていましたが、その興味がやがて、自分自身で絵本を読むことにつながりました。ちょっと見ると「この子も遊びの輪に入れてあげなければ」と思うかもしれませんが、3者の関係を急に広げることよりも、まずはFくんが友達に興味をもって見ていることを大切に受けとめたいと思います。

伊藤　子どもはほかの子のことも、関心をもってよく見ています。同じ年ごろの仲間ができるのも、0・1・2歳児保育ならではの体験ですね。

廊下で ～倉橋惣三の言葉より

倉橋惣三と東京女子高等師範学校附属幼稚園の園児。（1937年3月撮影。お茶の水女子大学所蔵）

伊藤　保育現場にいたころ、いつも心の支えにしていたのが、保育学者、倉橋惣三の言葉です。今日の場面（p.38、39）を見ていると、倉橋のよく知られた詩のひとつが浮かびます。

泣いている子がある。涙は拭いてやる。泣いてはいけないという。なぜ泣くのと尋ねる。弱虫ねえという。……随分いろいろのことはいいもし、してやりもするが、ただ一つしてやらないことがある。泣かずにいられない心もちへの共感である。
［中略］泣いている子を取り囲んで、子たちが立っている。何にもしない。何にもいわない。ただささも悲しそうな顔をして、友だちの泣いている顔を見ている。なかには何だかわけも分からず、自分も泣きそうになっている子さえいる*。

これは倉橋が幼稚園の子どもたちに触れる中で書いた言葉ですが、子どもたちの共感の力は、それ以前の時期から見られます。

西　大人はこんなとき、子どもの悲しみを紛らわせたり散らしたり、自分がそこから逃れるようなかかわりをしてしまいがちです。倉橋がただ立ち尽くす子どもたちを描いたのは、そんな大人との対照を示したかったのではないかと思います。実際には、子どもたちもいろんなことをしてくれます。逃れるのではなく、その子の思いに寄り添うように。

伊藤　私が保育園にいたころ、こんなことがありました。2歳児クラスの参観日、お母さんたちが帰ったあと、食事の時間にもずっと泣いている女の子がいました。私たちも

「お母さんが帰ってしまってさみしいよね」

と声をかけていたのですが、ある男の子がドアのほうに向かって

「お母さーん！」

と叫びました。そうしたら、女の子が泣きやんだんです。

「悲しいね」といった言葉も大事ではありますが、子どもはその子の思いをわかって、自分自身の心で代わりに叫んであげて、それがみんなに通じたのだと思います。そんなふうに心に触れられる子どもたちの力は、本当に素晴らしいと思います。

* 倉橋惣三『育ての心』フレーベル館、2008年

心の中に居場所を築く

——応答的なかかわりを通して

12月のある日、1歳児と2歳児のクラスを訪問しました。遊びの様子は違っていますが、今日はどちらの遊びも、子どもの心の支えとなっていることが感じられました。

保育者のかかわり　行っては帰る遊び　イメージの世界

場面 1

1

1歳児クラスで、Aくんはおわんにチェーンリングをいっぱい入れて、ごはんを作っていました。

2

そのあとB先生が、Cくんたちのひも通しの遊びにつきあっていると、Aくんができあがったごちそうを持ってきたので、先生は「ありがとう！」と受け取っていました。

3

4

そして布で大事に包んであげると、Aくんもまたテーブルに戻って開けてみたり、また包んだりしていました。

それがうれしくて、E先生に見てもらっています。

それを見ていたDくんは、自分も先生にお弁当を包んでもらっています。今度は持ち運びやすいように袋に入れてもらいました。

Cくんたちが作ったひも通しは、長いのも短いのも、みんなで楽しめるように先生が飾ってくれました。

場面1

安心できる場所

伊藤　今日、とても印象的だったのは、保育者が子どもたち一人ひとりがどんなことをしたいのか、よく見守りながら、その思いに応えていたことです。保育者はAくんが料理していたのも見ていたし、できあがった喜びを大切に受けとめていました。

西　その様子をDくんもよく見ていて、それがDくんの遊びにもつながっていきましたね。「この先生は応えてくれる」という信頼は、ほかの子どもたちにとってもうれしい体験だし、そこから子どもたちの能動的な遊びやかかわりが展開していきます。

伊藤　布で包んであげるのも、大切にしている感じが伝わるし、戻っていったAくんも、ほどいたり包んだりを楽しんでいますね。次にDくんがやってきたときは、B先生は包みを持ち運びやすいように袋に入れてくれて、そこにも優しさが感じられます（写真5）。

西　心理療法の世界には「心を包む《コンテイン》」という表現もあるし、発達という言葉はその人の中にある可能性が「ほどける」こと、展開していくことが語源です。そんなことを思うと、遊具を包んだり開いたりするやりとりが、心のことにもつながっているように思えます。

伊藤　Cくんもできあがったひも通しを持って、Dくんと一緒にE先生のところに歩いていきます。何かができあがったら、それを分かち合いたいのは、子どもたちに共通ですね。E先生もそれを笑顔で迎え入れてくれていました。

　ひも通しを飾っているのは、「たくさんつないだからよかった」などと一面的に評価するのではなくて、どの子の作品もそれぞれに大切にしていることが伝わってきます（写真7 8）。

Aくんは木製トンネルの上に登って遊び始めます。

B先生もみんなの遊びの流れに沿って、そばに来てくれました。

担当制の保育なので、E先生が先に食事の準備に入り、担当の子どもたちは一緒に給食を食べ始めています。まだ遊ぶ子どもたちは、自然と奥のスペースに移動していきました。

そこでもいろいろな遊びが広がっていましたが、先生のまわりにいるのが落ち着くようです。

場面 2

動きながら受けとめる

伊藤　絵本棚のところ（写真⑬）では、Aくんは写っていませんが先生に見守られながら、自分で絵本を読んでいました。この時間のAくんだけをとってみても、本当にたくさんのことをして遊んでいます。みんなが先生のまわりに集まっていて、やっぱり先生のことが好きなんだなあと思いました。

　子どもたちの遊びたいという思いを感じ取って、「こんなふうにしたら楽しいよ」という提案も織り交ぜながら、受けとめたり、差し出したり、共感したり、見守ったりという応答的なかかわりが、さりげなくなされていました。

　環境も大切で、料理を見立てられる材料や、柔らかい布が存分に用意され、木製トンネルのように室内でも体を動かして遊べる遊具も組み合わせられていました。その環境に子どもたちも触発されて遊びが広がるし、それを使って思いを自由に表現することができます。そのうえで、思いを大切に受けとめてくれる人がいるということが、子どもたちの心を満たし、遊びを豊かにしていくのだと思います。

場面３

２歳児クラスでも給食を食べ始める子どもたちがいるころです。Fくんは床を広く使って、積み木をしていました。

「おうち」を作っているそうです。リボン形の積み木を使い切ってしまったら、四角い積み木を持ってきてつなぎます。そうするときは、積み木の端とつなぎ目の距離を慎重に確認していました。

積み木が入っていた木箱も上手に中に置いてみて、そして取り出します。大きさを測っていたのかもしれません。

積み木を内側に追加していきます。２箱目の積み木も使い切ると、煙突のようなものを作って、「できた！」と言っていました。

場面３

自分の家を作る

伊藤　保育者は見守りつつも、介入はしていませんでした。Fくんが自分ひとりですべてを考えた、Fくん自身の作品です。最初からはっきりした設計図があったり、見本があったりするのではなくて、自分でやってみるうちにイメージが広がって形になったのでしょう。木枠を並べるのも、ちょうど家を建てるときの基礎工事のようでした。子どもの遊びってそんなふうに、遊ぶうちにイメージが広がって、展開するものだと思います。

　この後、午睡の時間が近づいて、保育者が

「コットを用意するね」

と声をかけると、Fくんは自分で積み木をきれいに箱に入れ、全部片づけていました。できあがったことがとてもうれしく、そこに満足があったから、安心して片づけられたんでしょうね。

西　満ち足りた体験があればこそ、子どもたちは前に進んでいくことができるのでしょう。

　1歳児と2歳児、別々の遊びではありますが、家のような、いつでも帰ってくることのできる居場所のイメージは、少し似ていますね。1歳児では、何をするにも保育者という安全基地に戻って支えてもらったら、そこから旅に出て自分の遊びを見つけて、何か発見があればまた帰ってきます。2歳児クラスでは、そんな安全基地のような家を、自分自身で作り上げていました。自分のイメージを本当に実現することができたなら、片づけてしまっても心の中には充実した体験が残ります。幼い日々、自分らしい遊びや保育者との心あるかかわりを積み重ねてきたことが、心の中に安定した基礎を築いている、そんなことを考えさせられます。

かくれんぼ・かけっこ
——一緒になって楽しむ

園庭で1歳児クラス・2歳児クラスの子どもたちが遊んでいます。
かくれんぼをしたり、オニごっこをしたり……。
見えない世界や、再会の楽しさが、子どもたちをひきつけているようです。

かくれんぼ　イメージの世界　自由遊びの展開

左の2次元コードから動画（約9分10秒）が見られます。

場面 1

1

2月の園庭で、青色帽子の1歳児たちが、かくれんぼをしています。

2

ふたつのチームに分かれて、片方のチームは先生と一緒になって隠れています。

3

もうひとつのチームはオニになって隠れている子を探しています。息をひそめて隠れたり、みんながどこにいるか先生と一緒に考えたり……。そうして見つかると声があがって、みんな楽しくなります。

4

場面1

かくれんぼの始まり

伊藤　この日の保育を見ていて、子どもがかくれんぼで遊び始めるころって、こんなふうだなあと思ったんです。最初は先生と一緒になって、集団で隠れたり、探したりする。まだ個人でオニになったりする感じでもないのでしょう。でも、見つけたり、見つかったりするのはみんな楽しいんですね。幼い子どもは「いないいないばあ」を何度もくり返して楽しみますが、かくれんぼもその延長なのかもしれません。

西　見つかって、楽しくなって、じゃあまた隠れようというときに、最初のうちはすぐさま、さっきと同じところに駆けていったりしていましたね。どこに隠れようか……という策略よりも、とにかく楽しい気持ちが高まっているのでしょう。先生たちは子どもたちと相談したり、別の場所を提案したりもしていました。そこからいろいろな展開がありましたが、見えなくなったり、また出会ったり、そんなことを何度もくり返すのが、子どもたちにとっては何よりうれしいようです。愛着とか基本的信頼の大切さということはよくいわれますが、離れてもまたつながることができる安心感というものは、子どもたちの心を強くひきつけるのだと思います。

水色帽子の２歳児たちが、園庭じゅうを駆け回っています。オニごっこのようでもありますが、ただ走るだけで、なぜだか楽しくて仕方ないようです。

5

6

7

8

カートに乗って遊ぶ子もいて、トンネルの中まで自在に走り抜けていきます。

場面 2

隠れる・探す・見つける

西　2歳児はさらにダイナミックに園庭を使っていますね。築山の向こうの木陰や、トンネルの中など、私もよく誘いかけられますが、大人の体ではなかなか追いつけません。やっぱり子どもだからこそあんなにもカートに乗って走り抜けられるのだと思います（写真⑦⑧）。

伊藤　カートでトンネルを抜けるのもそうですが、外からは見えない、ちょっとした別世界を通り抜けるのは、楽しい体験なのでしょう。砂場でも子どもたちは、砂山に隠されているものをいろいろと見せてくれました。かくれんぼそのものとは違いますが、隠れているものを見つけたり、また隠したりする楽しさは、どこか共通しているように思います（写真⑨⑩⑪）。

西　最後には「オオカミと七匹の子ヤギ」の劇遊びのようになっていましたが、これも考えてみるとかくれんぼに似ていますね。決まった台本はありませんが、みんなの中にイメージや物語が共有されていれば、あとはこんなふうに楽しく展開するのだと思います。保育者のかかわりも、お話の世界にすっと引き込んでくれるようでした。声色もとても上手で、怖いけれど楽しい、オオカミだけれども優しい先生でもある。先生自身はもちろん大人でありながら、同時にその大人の枠を超えて、子どもの世界に入ってきてくれていることがわかる声です。子どもた

砂場では、２歳児たちが大きな山にかなり深い穴を掘っていました。

砂場の中に手を深く入れ、中から車を取り出して、私（伊藤）にも見せてくれました。

かくれんぼが始まって、子どもたちは総合遊具を上手に使いながら、いろいろなところによく考えて隠れています。

先生がオニになって「トントントン」と言うと、もうそこからは絵本の世界。「食べてやる〜」とやってくるオニに、子どもたちは大はしゃぎでした。

ちにもそのことが伝わっているし、うれしいんだろうと思います。

　同じかくれんぼであっても、子どもたち一人ひとりにとっての体験は違っているし、保育者にもそれぞれの持ち味があって、それが多様な展開につながっていきます。そんなふうに保育者の個性が生かされるのが、保育という仕事の醍《だい》醐《ご》味のひとつでしょう。

　一方で、違った遊びをしていても、そこに何か共通するものが流れていることもあります。かくれんぼ、トンネル、砂山、「食べてやる〜」など、別々の遊びのようにも見えますが、隠されたものを見つける、外からは見えない世界を共有する、境界を超えて出会うなど、クラスの子どもたちがこの時期に共通に楽しんでいることでもあるわけです。

　充実した自由遊びを見ていると、一人ひとりの思いが生かされるのと同時に、ただバラバラに遊ぶのとは違って、子どもたちの間にも共通した体験やテーマが生まれていることに気づかされます。自由な遊びの中には、その子が今そのとき、成長していくうえで大事なものが込められているのですが、それが個人を超えてつながってくる。言ってみれば、子どもたちの成長に即したカリキュラムが、子どもたち自身の中から生まれてくるようです。自由遊びは、クラスが集団として育っていくうえでも意義あるものだといえるでしょう。

友達と一緒になって遊ぶ

——園庭の子どもたち

冬の初めのある日、園庭を訪れると、２歳児クラスの子どもたちが自由に遊んでいました。
友達同士一緒になって、手押し車を転がしながら、走っていきます。

かけっこ　砂場　お絵描き

左の２次元コードから動画（約４分30秒）が見られます。

場面１

1

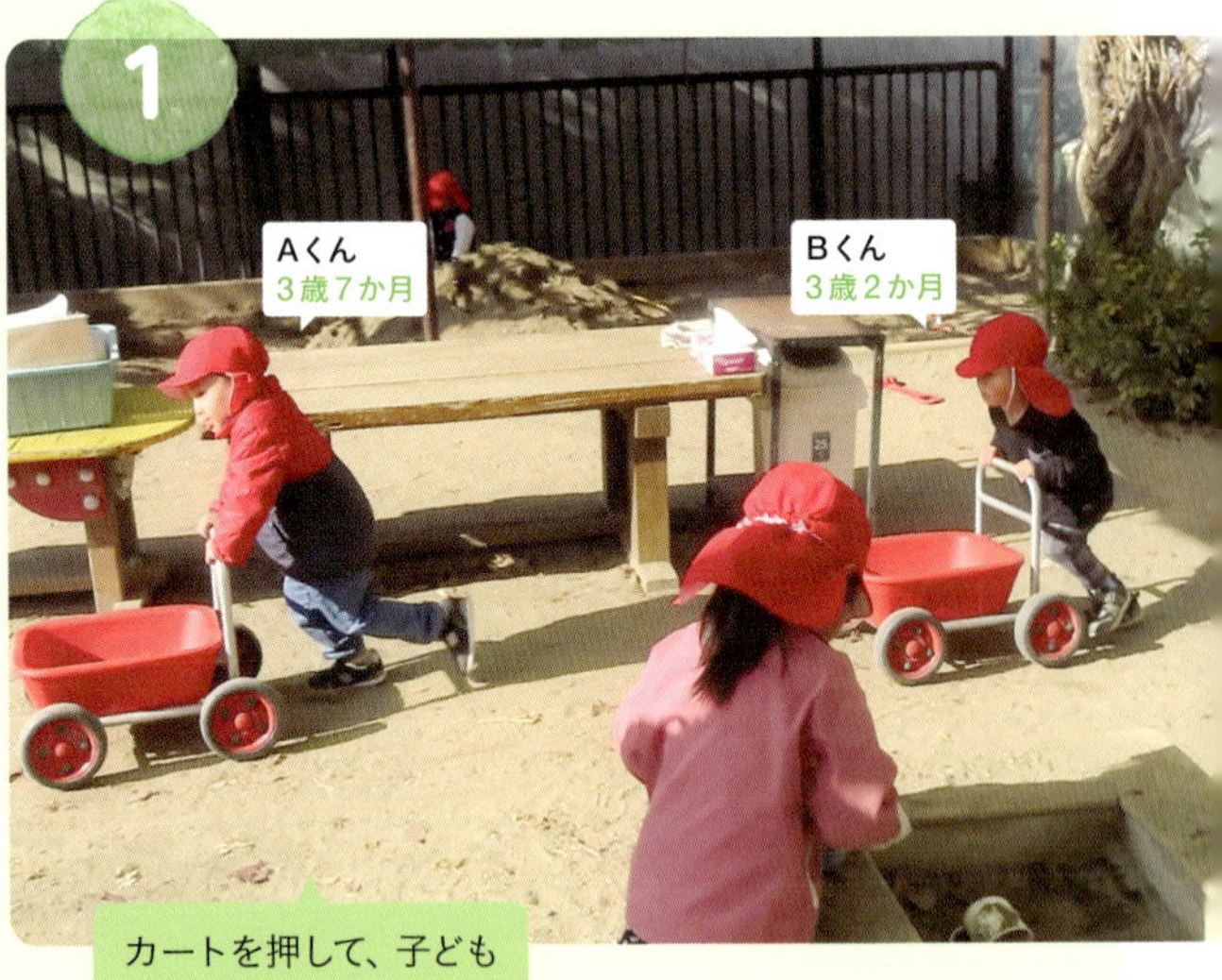

カートを押して、子どもたちが走っていきます。

2

赤い帽子は２歳児クラスの子どもたちです。ふたりでそれぞれ車を押しながら、一緒になって走る子もいれば、友達を乗せている子もいます。

3

カートたちが集まったり、また離れたり、園庭じゅうを自由に駆け回っていました。ときにぶつかり合いもありますが、それも子どもたちにとっての楽しさにつながっているようです。もちろんそれは、保育者が見守り、必要なときには交通整理に来てくれるからなのでしょう。

4

カートの中にはいろいろな遊具が積まれていました。

6

5

AくんとBくんはずっと一緒に駆け続けていましたが、行く先々で何かに興味をひかれるたびに、一緒にボールを蹴ったり、小屋の中に入ってみたり、いろいろな体験を共有していました。

それからまた、一緒になって駆け出していきます。

カート以外にも、一緒になって走るのを楽しんでいる子どもたちがいました。ふたり一緒に、同じことをして遊ぶのがうれしいようです。

8

7

場面1

どこまでも走る

伊藤　気がついてみると、子どもたちはずっと走り続けていましたね。小一時間は駆けていたんじゃないでしょうか。その車輪の音がずっと耳に残っているようです。

西　Aくんが先に走っていくと、Bくんが追いかけていきます。Aくんが何かにぶつかって止まると、BくんもAくんのカートにぶつかって止まります。大丈夫？　とも思うのですが、ふたりにとってはそんなことも楽しいようです。ぶつかって、笑って、また走るのをくり返していました（写真⑤⑥⑦）。

伊藤　それだけ仲がいいからこそでしょうね。危なっかしい遊びのように思われるかもしれませんが、見ていると子どもたちなりに考えながら動いていることもわかります。子どもたちの安全のために介入が必要かどうかは、遊びの様子をよく見ながら考えることでしょうね。ちょっと難しいやり方をするとか、楽しみながら衝突もするといったことも、子どもたちが育っていくうえで大切なことなのだと思います。

西　動画では、Aくんがボールを見つけて蹴ると、Bくんもすぐ追いかけて蹴っていました。また出発するときは、Bくんも遅れないように急いで戻ってくるし、AくんもBくんが来てくれるのを待って、それから一緒に走り出していました。今日はそういうふたりの関係をよく目にした気がします。大人と子どもとの関係において「共同注視」が重要な意義を持つといわれていますが、同じものを見てとらえるだけでなく、子どもたち同士で体験そのものをともにできることは、お互いにとってとてもうれしいことだと思います。

伊藤　一緒に走っていたかと思えば、しゃがんで地面に絵を描いたり、なんだかフィギュアスケートのペアのように、息が合っていましたね（写真⑧）。

西　動画を見ていると、Aくんは伊藤先生のカメラにも目を向けたり、声をかけたりしてくれていますね。子どもは見守ってくれる人に、自分らしい表現をもって応えてくれるんだと思います。保育を見る場合は、「客観的・科学的観察者」というより「応答する観察者」が合うのではないかと私たちは以前論じたことがあります*。もっといえば、「まなざしをもって寄り添う姿勢」と表現したほうが、実際に合っているかもしれませんね。

* 伊藤美保子・西 隆太朗『写真で描く乳児保育の実践――子どもの世界を見つめて』ミネルヴァ書房、2020年

9

砂場には大きな山が作られていました。Cくんは、頂上に登っては下りるのをくり返しています。

10

11

そこにDくんもやってきて一緒に登ったり下りたりし始めました。

12

さらに女の子ふたりも入って、みんなで一緒に遊ぶようになりました。

13

場面 2

砂の山を見つけて

伊藤　Cくんは最初ひとりで登り下りを追究していましたが、Dくんは下りるときにわざわざ転んでいて、それがおもしろいようです。何度もそうやって楽しんでいました。楽しみ方もその子によっていろいろですね。大人だったら、ここまでしないだろうとも思います。子どもたちは一心に、何度も同じことにチャレンジしていきますが、くり返すということにも大事な意味があるような気がしました。

西　子どもたちにとってはかなりの大きさの山ですね（写真9）。ちょうどそのとき、私は園庭でふたりの女の子のそばにいたんです。さらさらの砂で型抜きがうまくいかないようだったので、

「砂場のほうがうまくいくかもしれないよ」

と言うと、すぐにそっちに向かっていって、そこで砂山を見つけておもしろそうだと思ったんでしょうね。とてもうれしそうに登っていきました。子どもたちは、その瞬間に見つけたもの、心をとらえたものを、自分たちの遊びに生かしていきます。

場面３

14

ずっとカートで走っていたＡくんとＢくんが、私（伊藤）のところに枝を持ってきてくれました。顔を描いてと言うので、園庭の地面に描くと喜んでくれました。そのあとは、車を描いてみました。おばけの絵も描くと子どもたちは大喜びで、描き終えたとたんに足で砂の絵を蹴散らして消していました。

15

そんなことをくり返したあと、今度は子どもたちふたりが一緒に絵を描き始めました。

場面３

砂に描いた絵

伊藤　Ａくんは私が描いた絵を見て

「これ、おさかなおばけだ！」

と言ってくれたんですが、そんなふうにイメージを広げてもらうと、こちらもうれしくなってきますね。自分のしたことを、何倍も楽しいものにして返してくれる……子どもってすばらしいと思います（写真⑭）。

西　Ｂくんはおばけに毛をいっぱい描き足していましたが、そんなおばけを創り出すなんてすごいですね。伊藤先生が描いている間じゅう、ふたりはじっと見入っていて、描き終えたとたんに楽しそうにかき消していました。おばけは怖いものですが、遊びって、そういうネガティブに見える要素も含まれているほうがおもしろいんだと思います。ちょっと怖いようなものを体験したり、また自分たちで克服したり、そのことで子どもたちもかえって生き生きとしてきます。

伊藤先生が保育を見ていると、こんなふうに子どもたちが集まってくることもよくありますね。

伊藤　私も子どもたちに「見て！」と言われたり、いろんなことを求められると、観察などよりも、子どもたちに応えられたらどんなにすてきだろうと思うことがたびたびあります。

西　さっき「観察者」の話もしましたが、保育を見るってそういうことかもしれませんね。見ているつもりだったのが、いつの間にか遊びの中に一緒に入っていることもある。まなざしは、それ自体がコミュニケーションでもあるし、そうした交流を通して、保育の中から見いだせるものもまた広がっていくのだと思います。

「トラブル」をどう見るか
――トラブルにも、その解決にも、過程がある

子どもはみんなのことを考えている(p.109)。

保育の中の「トラブル」。互いに複雑な感情があっても、ともに向き合うことができれば、かえって信頼は深まっていきます。何か困ったことが起きれば、子どもたちは集まってくるもので、多様な個性をもった子どもたちが話し合えば、思いがけない解決が生まれてくることもあります。クラスにそんな信頼が広がっているのは、保育者が子どもたちをいつも大切にしてきたからなのでしょう。日ごろからクラスに築かれている信頼関係の土壌が、トラブルを乗り越える力になります。

トラブルの瞬間やその表面だけを見るのではなく、少し視野を広げて、関係性やそれまでの過程を見てみることも大事な手がかりになるでしょう。トラブルを起こす子に、何か「問題」があるのだという考え方もあるかもしれない。けれども、もしもクラスの環境や生活ルーチンが、その子にとって無理のあるものだったら……、もしもその子が入園したばかりで、まだクラスを自分の居場所と感じられていなかったら……。その子を「問題」と見る前に、保育者にできることが新しく見つかるかもしれません。

トラブルを乗り越えるのも、ひとつの過程です。何か決まった「言葉かけ」や、万能の対処法があるわけではない。人はそれぞれに考え、時間をかけて変わっていくものです。保育者が一人ひとりと信頼関係を深め、クラス全体を育てていくことが、結局は一番の支えになるのでしょう。

(西 隆太朗)

子どもたちは、ともに立ち上がっていく(p.39)。

第2部

3・4・5歳児の保育現場から

子どもがつくり出す遊びの世界と支える関係性

本書で取り上げる3・4・5歳児の保育を見るにあたって
おさえておきたい観点を挙げます。

広がる遊びの可能性

第１部では、０・１・２歳児の子どもたちが、保育者とのかかわりに支えられながら、遊びをつくり出していく様子を取り上げてきました。この第２部では、遊びの世界のさらなる広がりを見ていきます。３・４・５歳児の子どもたちは、製作の腕も上がり、ルールのある遊びや身体能力を生かしたダイナミックな遊びを楽しんだり、子どもたち同士言葉を使って考えたり話し合ったりすることも上手になってきます。

いずれもその萌芽はもっと幼い時期にもすでにあるのですが、０・１・２歳児の時期に充実した体験をしていることが、３・４・５歳児でさらに豊かな遊びを展開することにつながっています。

異年齢のかかわり・年齢別のかかわり

今回取り上げたのは異年齢保育の園が多いのですが、年齢別保育の園も含まれています。異年齢保育を行っている園では、３・４・５歳児が同じクラスの中で生活をともにし、日常的に年齢を超えたかかわりが見られます。年齢別にクラスを分けている園でも、園庭ではやはりクラスや年齢を超えて子どもたちがかかわり合っていました。

（西 隆太朗）

構成について

上記を踏まえて、第２部の各章は年齢別にするのではなく、「ごっこ遊びとイメージ」「多彩な保育環境」「心が通う関係性」と、テーマ別に分けることにしました。０・１・２歳児においても大事なテーマですが、そのさらなる展開を見ることができます。

第4章　ごっこ遊びとイメージ

ハンバーガー屋さんのごっこ遊び

——異年齢クラスでの遊びの広がり

子どもたちが生き生きと遊び、生活する保育の場では、訪れるたび、心動かされる場面に出会います。そんな保育の場面から、語り合うこと、考えさせられることは数多くあります。今回は3・4・5歳児の異年齢クラスでの、遊びの場面を紹介します。

ごっこ遊び　お店屋さん　自由遊びの展開

場面 1

11月下旬のある日の、自由遊びの時間。子どもたちは、ブロックを組み合わせたおうちごっこや、動物の絵を描く製作など、それぞれが思い思いに遊んでいます。今日のクラスには、ハンバーガー屋さんに使えそうな材料が増えていました。3歳児たちも、食材に少しずつ触れて試しているようです。
Aちゃんが店員さんとなって、Bくんの注文を聞いています。

さっそく厨房《ちゅうぼう》で、5歳児同士が協力し合いながら、調理を始めました。

青いドリンクには、手書きで「ブルーハワイ」と書かれていました。Cくん（5歳児）は、トングを扱う技も手慣れたものです。

厨房にはたくさんの素材が用意されています。

準備が整い、お店も繁盛してきました。

5歳児たちはレジのところに、「人がいないときはこれを押してください」とベルを置いていました。

場面1

ハンバーガーはいかが？

伊藤　店員さんの5歳児たちは、特に役割分担を相談したわけでもないのに、さっと状況を把握して自分の持ち場に分かれ、ポテトを揚げたり、お客さんが待っていたらレジに入ったり、自然とお店を切り盛りしていました。今必要なことは何かを自分たちで考えて、そのことを楽しめるのは、すごい力だと思います。レジのところにベルを置くのも、5歳児が自分たちで考えていました。

　子どもたちの店員さんは堂に入っていて、トングのさばき方ひとつとっても、ちょっと大人がやってみるより真に迫っているくらいです。もう材料が切れてしまったら

「すみません、ブルーハワイはもうないんです」

だとか、イートインの注文だったら

「中で食べる方は手を消毒してくださいね」

など、その場に合った応対がすんなりできています。今の時代に起こっていることは何でも、子どもたちは遊びの中に取り入れていきますね。

　実生活でお店を訪れたこともあると思いますが、お客としての立場から見てきただけなのに、こんな臨機応変な対応ができるのかと驚かされます。

西　Bくんは、手にした札束を

「こんなにもらった」と私に見せてくれたのですが、

「これ、現実だったらすごいよなあ」

と言ってにっこりしていました。ものを想像力で膨らませてみたり、急に現実との違いを言ってみたり……子どもは現実と想像の間にさまざまな次元があることを知っていて、その違う次元を行き来しながら楽しんでいるんだなあと思いました。

9

保育者が紙粘土と絵の具を持ってくると、3・4・5歳児が集まって、ナゲットを作り始めます。

8

2週間後に再び園を訪れると、ハンバーガー屋さんはさらに発展していました。自由遊びの時間なので、手紙を書いたり、人形のお世話をしたりなど、ほかの遊びも広がっていて、今日のハンバーガー屋さんのメンバーも前回とは少し違っています。
3歳児のDちゃんは、堂々とメニューを見せてくれました。

10

今日の遊びでは、5歳児同士も相談しながら作っています。

11

3歳児たちも自分からお店のスタッフになって、いろいろなものを調理していました。

12

場面2

みんながつながって

伊藤　前回は5歳児の子どもたちがお店の中心となって、3・4歳児の子どもたちはお客さんになることが多かったのですが、今日はみんなが作る側にも、食べる側にもなっていました。異年齢クラスの中で、5歳児がつくり出したイメージや遊び方が、3・4歳児にも広がっていく様子を見ることができます。ナゲットはどの年齢の子どもも自分なりに参加できる遊びで、やり始めた子はすごく集中して取り組んでいました。

　ポテトの入れ物も、お店でくれた本物を活用したものもあれば、子どもたちが厚紙で作ったものもあります。こうしたごっこ遊びでは、本物があることも楽しいし、子どもたち自身が考えるのもまた楽しいものです。どの程度子どもが作るのか、またどの程度保育者が提供するのか――子どもも考えるし、保育者も考えています。保育は子どもと保育者が一緒につくり上げるものだということはよくいわれますが、それが

別の場所でおうちごっこをしていたEちゃん（4歳児）が人形の世話をしながら、Cくんに電話をかけています。配達を頼んでいるようです。あとで友達や人形たちと一緒に、おいしそうに食べていました。

うまくいっている様子を見ることができました。

西　大きな子のしていることを、小さい子どもたちもよく見ていて、触発されているんですね。写真⑪⑫は3歳児たちですが、ずいぶんてきぱきと、協力しながら進めています。黄色いストローを切ったものですが、フライドポテトの雰囲気がよく出ていました。

伊藤　異年齢クラスでの遊びでは、3歳児なら3歳児、5歳児なら5歳児と、どの年齢の子どもたちも自分らしく参加して遊べるような素材、遊具、環境と保育者の配慮が必要ですね。

西　電話で注文していたEちゃんは、女の子同士おうちごっこで遊んでいて、たくさんの人形のお世話をしたり、おしゃれして出かけては帰ってきたりしていました。そんな中で、何かいいことを思いついたという笑顔で、電話をかけ始めたんです。予約じゃなくって配達の注文なんだということまで伝えていました（写真⑬⑭）。

伊藤　自分たちの遊びに熱中しているのに、ほかの子の遊びの様子もよく感じ取っているんですね。

西　電話線もないのに、違う空間の遊びがすんなりとつながっています。いつもクラスの中に心通じ合う関係があるから、こんなことができるんだと思います。

保育を「コーナー」でとらえることがありますが、子どもたちの遊びはそれだけにとどまっているわけではなくて、大人が思う以上につながり合っているんでしょうね。

そういうつながりの豊かさは、子どもたち自身の心が自由に動いていることで生まれてきます。大人が遊び方や順番などを決めてしまっていれば、こうした展開にはならなかったでしょう。3歳児が自ら店員となって調理するのも、はじめから計画するというよりは、自分から自由に動いて楽しむことができる環境と雰囲気があるからこそできることです。自由な遊びの世界を尊重し、一人ひとりがどんな楽しみ方をしているかを見ていくとき、その子の個性や今伸びようとしている力、子どもたちの想像性の豊かさを、さまざまに発見していくことができるでしょう。

装う・包む・着せる
——布から広がる遊び

そこに布があるだけで、子どもたちはいろいろな遊びを繰り広げていきます。
その中でも今回は、布で身をくるむ遊び——装う、包む、着せるといった場面を取り上げます。

素材を生かして　子どもから生まれる遊び　子育て

左の2次元コードから動画（約4分40秒）が見られます。

場面 1

12月のある日、4歳児のAちゃんは、きれいな布をいくつも身にまとっては、帯も締めて着物のようにしています。レースのついた髪飾り、ブレスレットなども合わせて、いろいろと工夫しているようです。

同じ4歳児のBちゃんは、クラスにあったバッグを肩に掛け、スカーフをまとったり、スカートを身につけたりした洋装で、赤ちゃんにミルクをあげています。

場面1

装うということ

伊藤　Aちゃんは本当に一心に布を着こなしていて、そんな心がAちゃんの所作のすべてに、指先まで通っているように思えます。まるで反物から着物を、体に合わせて仕立てているようですね。帯の柄も、目を引く模様のあるところを後ろにもってきたりして、あえてそうしているのかどうかはわかりませんが、Aちゃんの美意識が感じられます。

西　装うというのも、人間のひとつの大切な文化ですね。自分をよく見せるというようなことでもなくて、その人のその人らしさがよりよい姿、あるべき姿で実現するということではないかと思います。そんな純粋さは、Aちゃんの様子からも感じられますね。

伊藤　Aちゃんのように遊んでいる子を、ほかの子は、じゃましたりしませんね。にぎやかな遊び空間を、長い裾を引きずりながら、すっと歩いていく様子には、気品さえ感じました（写真4）。といってひとりきりで遊んでいるのではなく、Bちゃんのように、ほかの子と一緒に遊ぶこともあります。

西　自分の中に大切なイメージをもって遊んでいる子のことは、ほかの子にもわかる

場面２

４歳児たちは調理に懸命です。

厨房《ちゅうぼう》では、CちゃんがDちゃんに帽子をかぶせてあげています。

この遊びは数日続いていたようですが、場面1のBちゃんも、バッグから財布を出して買い物に来ていました。

Eちゃんはクリップをうまく使って布を何枚も羽織り、ドライヤーで髪を整えています。

Fちゃんは、コンパクトを使ってメークに取り組んでいました。

んでしょうね。Bちゃんの場合はバッグやスカーフが効いていて、働きながら子育てをする自立した女性のようです。Aちゃんとはまた違ったスタンスの着こなしですが、どこか呼応するイメージもありました。ふたりの遊びがつながっていったんでしょうね（写真5）。

場面２

おしゃれと気分

西　帽子をかぶることで、仕事気分というか、きりっとした職業人らしさが出てきます。オレンジのほうは厨房用でもないようですが、違っていても雰囲気がありますね。

伊藤　Eちゃんのように、布を使うといっても、着こなしには子どもの個性が表れますね。Fちゃんのメークは、大人がしているのを見てきたからでしょうか、とても真に迫っています。こんなふうに一心に遊んでいるときって、幸せなんだろうなと思います（写真11）。

西　子どもたちの姿を見ていると、大人の「まね」とか「再現」だけとは言い切れないような気がしますね。大人が日常何気なくしていることだけれど、社会に出ていって仕事をしたり、いろんな人と出会ったり、人に会う前に手際よく口紅を塗る、そんな大人の生活のあり方を、自分でも体験を通して理解しているように思えてきます。

「場面1」「場面2」の園を、3月にも訪問しました。3歳児のGちゃんは、何枚も布を重ねてその中に潜り込んでいます。

自分だけでなく、赤ちゃん人形もくるんであげていました。

場面３

子育ての日常

伊藤　Gちゃんは何をしているのかなと思って見ていたんですが、赤ちゃんのお世話をしていたんですね。赤ちゃんが眠って、ひと息ついたお母さんが、今度は自分も疲れを取ろうと眠る感じでしょうか（写真⑫⑬⑭）。

包む、包まれる体験というのは、何だか特別なことのような気がします。温かみがあったり、安心感があったり。もしかしたらお母さんのおなかの中のようだという人もいるかもしれません。

西　具体的に胎内をイメージするかどうかはともかく、「お母さんのおなかの中にいたんだよ」といったお話が心に残ることはあるでしょうね。生物学的にというよりも、何か月もの間、おなかの中に包まれ、生命を守られてきたことを、子どもはイメージを通してどこかで理解しているのではないかと思います。

伊藤　Hくんはブロックで遊んでいたのに、いつの間にか子育てに参加していました（写真⑯）。

西　子育ての中では、共同作業って大事ですよね。誰かが一緒にいて、互いに自然と支え合っている雰囲気が感じられます。

伊藤　自由遊びが充実しているとき、子

15

3歳児たちは、赤ちゃんのお世話にも熱心です。

服を着せたり、くるんだりしていると、透明なブロックを並べていたHくん（3歳児）もそばに来て手伝っています。

16

17

その後は、一緒にお話をしながら、アイロンがけなどにもつきあっていました。

どもが主体的に遊ぶときって、こんな感じだなあと思います。先ほどのGちゃんがくるまっている場面でも、まわりでは子どもたちがにぎやかに遊んでいたのに、Gちゃんの空間は静かな世界でした。最初のAちゃんとBちゃんの遊びもそうでしたが、どの子も自分のしたいことがあって、何かを追究している。それぞれの探究を互いに尊重し合いながら、何か心ひきつけるものがあれば、お互いの遊びが自然とつながっていく。それでいて、ずっと一緒でなくても大丈夫なんですね。

　保育者は、遊び方を指示するようなことはしていません。ただ、子どもたちがクラスにあるものを自由に生かして、存分に遊んでいいんだと実感できていることがわかります。

西　子どもたちの心の流れに沿って、一人ひとりの遊びも、つながる遊びも充実する中で、クラス全体に調和と活気の雰囲気が漂っている。子どもがそんなふうに生きられる空間ができているのは、普段から保育者が一人ひとりを大切にし、よく考えて環境を準備されているからだと思います。クラス全体を包んでくれている、保育者の思いやかかわりの大切さも、改めて感じさせられますね。

出発進行！
——みんなの思いを乗せて

3・4・5歳児の異年齢クラスを1月に訪問しました。
縦割りのクラスでも、同じ年齢同士での遊びは盛んです。
今日は3歳児7人が中心となって、バスごっこを楽しんでいる様子が見られました。

乗り物ごっこ　柔軟なルール　クラスの育ち

場面1

3歳児たちはウレタンブロックで、車のようなものを作っていました。

1

2

3

今日は8人いる3歳児のひとり、Aくんが園をお休みしていました。そこで、ほかの3歳児たちが話し合い、「一緒にAくんの家に行こう！」ということになったようです。そこからは、ふたつの場所に分かれていたブロックを全部崩して1か所に集め、3歳児全員で、Aくんの家に行くための大きな車を作り上げていきました。

運転手はCくんに決まりました。ハンドルの角度を調節してみたり、動物のおもちゃを持ってきてたくさん乗せてみたり、いろんなアイデアが湧いてくるようです。Bちゃんは座席をどう配置するのがいいかなど、いろいろ試してみんなを誘導していました。

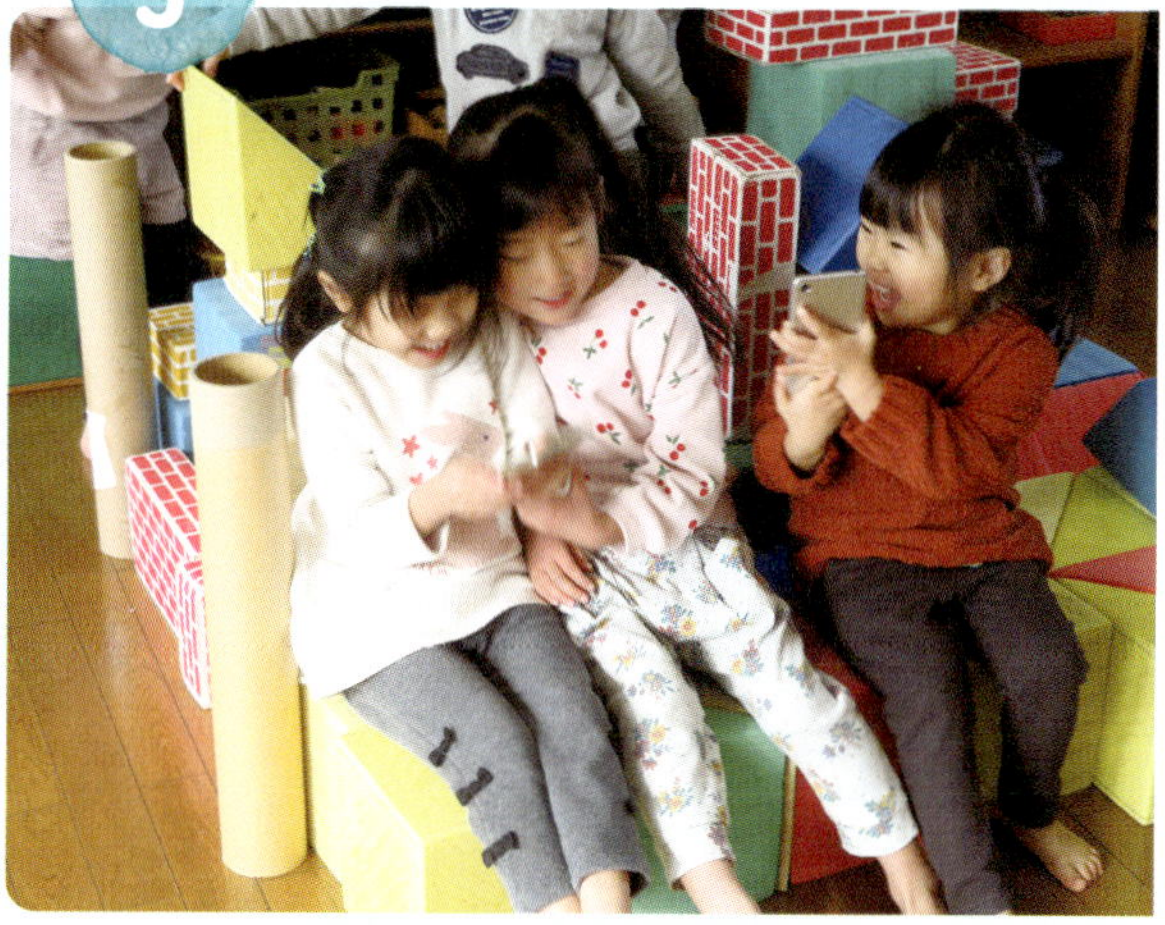

Bちゃんに案内された女の子たちはさっそく盛り上がっていました。

お出かけ気分でおしゃれをしてやってきて、互いの髪をとかしたりしながら、楽しそうに話をしています。

場面1

旅の始まり

伊藤　異年齢クラスの中では、異年齢が一緒に遊ぶことも、同年齢で活動することも、どちらもあります。保育者がまとまった活動に誘いかける場合もあれば、子どもたちの中に自然と集団ができていく場合もありますね。子どもたちがいろんなところで集まったり、また別々の遊びが始まったり……。子どもたちが本当に自由遊びをしているときって、そんな動きが生まれてくるように思います。

異年齢クラスについては、年長児と年少児との交流がよく取りあげられますが、同年齢でのかかわりも大事ですね。担任の保育者に伺うと、年度によっても違うのですが、この3歳児たちは特に仲よく遊んでいるそうです。

西　今日来ていない子どものことも、みんなの心の中にあるんですね。「Aくんの家に行こう！」というひとつのアイデアが共有されて、どの子もそれぞれのやり方で参加しながら、遊びをつくり上げています。

伊藤　お出かけするって、それだけで気持ちが楽しくなったりするんでしょうね。おしゃれをしたり、髪をとかしたり、スマートフォンで写真を撮って見せ合ったり、本当にそんな体験をしているようです。2歳児のころにも私たちがよく会っていた子どもたちですが、「外の世界」の楽しさもよく知っているようで、ずいぶん大きくなったなあと思わされます。

立派な車ができあがったのですが、なかなか出発しません。Bちゃんたちが Cくんに、「早く行こう！」と言っても、運転手のほうではハンドルの調整なのか、連れていく動物たちのことなのか、どうもタイミングが違うようです。見ていた保育者が、Cくんにシフトレバーのような手作りおもちゃを持ってきて、応援してくれました。

応援のかいあってか、「3、2、1、しゅっぱーつ！ぶーん！」と、元気に走り出すことができました。

Bちゃんは帽子を借りて運転手になり、うれしそうにしていました。

Cくんは運転ばかりしているわけではなく、帽子で遊んでみたり、運転席を降りて車体をメンテナンスしたり、いろんなことをしています。

Bちゃんは満足すると、すぐに降りて、また運転手はCくんに戻ります。

場面2

いざ、出発！

伊藤　このときは本当に、なかなか出発しなかったんです。みんながせかしても、自分の心の中でタイミングが合わないと、うまくいかないんですね。3歳児は自分たち自身で遊びをつくり出していて、保育者は指図していないのですが、やっぱり遊びの様子をよく見て、子どもたちの思いに気づいており、必要なときにすっと入ってきてくれていました。

西　Cくんは、全身を駆使して運転していますね。とても熱が入っています（写真⑪）。この車の動力はみんなの心とイメージだけですから、それが本当に一致するときに初めて、走り出せるのかもしれません。

今日の遊びでは、「運転手はCくんでないと」とみんなが思っているんでしょうね。運転席が取り合いになったりもしないし、出発が遅いから交替だと言うような子もいませんでした。「出発！」は必要不可欠だけれど、速やかに到着することが目標というわけでもないし、旅の過程をみんなが好きなように、一緒に楽しめることを大事にしていたのでしょう。

場面３

全員がかるたをしているわけではなく、自分の好きな遊びをしていていいのです。観察者の西は4・5歳児たちに誘われて一緒にすごろくをしていましたが、子どもたちからチケットを渡され、車に乗ろうと誘われました。そのころ3歳児たちは、さっきの車を組み立て直して、みんなが遊べるアトラクションにつくり変えていました。4・5歳児もその上に乗って、一緒に遊んでいます。

13

12

4・5歳児は保育者と一緒にかるた大会をしていました。札の歌を読んでいるのはDくんです。神妙な表情で懸命に読み上げ、みんなが札を取る様子もよく見ています。

場面３

遊びの広がり

西　4・5歳児のかるた遊びやすごろく遊びは、ルールや文字がわかるようになっていく時期だということもあり、子どもたちは熱心に挑戦しています。どの子にもそれぞれ得意な部分や駆け引きのスタイルがあって、そんなところにも個性が表れます。

すごろくを一緒にしていると、同じマスにコマが止まったときは一緒に進めるようにしようとか、でも大人はダメだとか、子どもたちはいろいろなルールを考え出していました。自由感のある場では、子どもたちは遊びのルールに、みんなが楽しめるようなアレンジを即興で加えていくものです。ルールは外から課された絶対的なものではなく、自分たちで話し合って変えていけるのだという実感を持つことは、大事なことではないかと思っています。そういった体験が、案外と社会的な成長にもつながっているといわれています。

伊藤　3歳児が作ったアトラクションで、4・5歳児も一緒に遊んでいるのが印象的でした。子どもが自由に遊べているときには、遊びもこんなふうに柔軟に変えていけるんだなあと思いました。

西　誰もがそれぞれに参加できる場を、この3歳児たちがつくってくれたんですね。保育者は日々、どの子にもそんな環境を用意しようと心を配っていますが、子どもたち自身の中にも、誰かに用意されるだけでなく、自分たちで環境をつくっていく力が伸びてきているのだと思います。普段から異年齢クラスで一緒に生活する中で、年長児が年少児を助けるといった一方向的な形だけでなく、互いに生かし合う双方向的なかかわりが生まれてくるのでしょう。

ルールにしても、年齢の違う子どもたちの関係にしても、固定した枠組みにしてしまうのではなくて、柔軟で相互性を持ったものになるほうが、子どもたちも楽しみながら伸びていけるのではないかと思います。

伊藤　2歳から3歳へは保育者の配置条件も大きく変わる大切な移行期です。3歳児たちはこのクラスで1年を過ごす中で、本当によく育ってきたんだなあと思います。

見る・作る・ドライブする
――自動車の製作風景から

クラスではちょうど前日に車の博物館を見学してきたところでした。
さっそく子どもたちは、自分たちが見てきたスポーツカーの製作に取りかかっています。

乗り物ごっこ　製作　イメージの実現

左の2次元コードから動画（約3分10秒）が見られます。

場面１

11月に異年齢クラスを訪問しました。5歳児のAくん、Bくんが中心になり、ダンボールを使って車体を組み立てようとしているところです。3歳児のCくんも、はさみを手にして、一緒に手伝いたいのですが、自分の力で何ができるか戸惑っているようです。

Cくんは車の博物館の資料や年長の子どもたちの様子を見たりしながら、保育者と一緒に考えていました。

Aくん、Bくんは
どんどん作業を
進めていきます。

Aくん、Bくんの近くでは、同じ5歳児のDくんが、独自の車を作っていました。ボウルの丸い形を生かして、車輪を切り出そうとしています。

場面1

異年齢での製作

西　前日の博物館はとても楽しかったようですね。Aくん・Bくんたちは張り切って製作に当たっています。

伊藤　このクラスの5歳児たちは、いつも自分たちでアイデアを出し合いながら遊びをつくり出しているんです。日ごろから協力し合い、遊びをリードしてきた経験が、製作にも生かされています。

　異年齢のクラスなので、製作するにしても、たとえば5歳児と3歳児ではできることも違ってきます。だから同じ作業をするわけにもいかないのですが、それでもCくんは自分も自動車づくりに参加したいんですね。

西　3歳児の中だけの遊びにとどまるのではなく、その子自身の中から、枠を超えてチャレンジしたい気持ちが自然と生まれてくるんですね。もどかしさを感じつつも、一生懸命な様子が伝わってきます。

伊藤　そんなとき、保育者はいつも一緒に考えてくれます。子どもたちが今どんな状況か、よく見ているんですね。特に製作の場合は技術的な側面もありますから、その子が望みをかなえるためにどうすればいいか、具体的に考えたり、教えたりしてくれる大人の役割は重要だと思います。

西　子ども自身が触発されて、やりたい気持ちがあるからこそ、それに沿う大人のかかわりが学びにつながっていくんでしょうね。

伊藤　こういう大きなものを作るとき、子どもたちは本当に一生懸命ですね。体ごと入り込んで、全身を使って作っていました（写真❺❻）。

保育者と話し合うことで、Cくんも自分の作業を始めることができました。色画用紙にのりを一生懸命に塗って、ダンボールの箱に貼りつけています。

Cくんは真剣に、丁寧に、紙を貼りつけたり、模様を描いたりしています。

そうしているうちに、Aくん、Bくんたちの車にもフロントガラスやバックミラーがついて、かなり本格的な形になってきました。

Dくんの自動車も完成に近づいたようです。

場面2

保育者のかかわり

伊藤　クラスでは一斉に製作をしているのではなく、いろんな遊びが自由に展開する中で、製作をしたい子どもたちが取り組む形でしたが、どの子も自分たちのしたいことを見つけて楽しく遊んでいました。

西　「自由感のある保育」とはそういうものなんでしょうね。子どもたちが自分自身の思いを発揮して遊んでいるし、その思いを保育者が受けとめて生かしているからできることなのでしょう。

伊藤　色画用紙を貼るのにも、Cくんは全力で取り組んでいました。紙の端まで手を伸ばしてぴったり押さえたり、ペンを使って模様を念入りに描いたりしています（写真⑦⑧⑨⑩）。

西　自分の望みをかなえる通路が開けたようですね。保育者にとっては、技術を伝えることも大切なことではありますが、その子が何を望み、実現したいのか、その思いに応えることが出発点になるのではないかと思います。

伊藤　Dくんの作っていた車輪も、ちょうどぴったりの大きさだったようです（写真⑫）。

西　やり方が決まっているのではなく、自分たちで考えながら進める製作の中では、偶然の発見も含めて、いろんなものが生かされてきますね。

子どもたちは代わる代わる車に乗って、ドライブを楽しんでいました。

次の週、また園を訪れると、スポーツカーが完成していました。赤と白で色も塗られて、とてもリアルな出来栄えです。

ドアには取っ手がついていて、ちゃんと開きます。ハンドルも回せるし、アクセルとブレーキも踏むことができます。

場面３

ドライブの体験

西　完成した車は絵の具もダイナミックに塗られて、メカニズムもよく考えられていましたね。ふたりで一緒に乗れるというのも、子どもたちにとっては楽しいことですね。

伊藤　1週間のうちに、これだけのものを作り上げた子どもたちは、本当にすごいですね。子どもたちは次々と乗りたがっていて、この車をとても楽しんでいました。ほかの遊びをしていた子どもたちも、同じクラスの中で、ずっとこの車ができあがっていく過程を見てきたわけです。それだけに、完成を一緒に喜んでいたのだと思います。5歳児が中心となって作る過程に、3・4歳児も参加したり、その様子を見たりしています。異年齢児クラスでは、日々の生活の中で子どもたちの間で受け継がれていくものが、たくさんあるようです。

西　乗っている子はうれしそうです。そこに運転方法を教えに来てくれる子もいましたね（写真15）。車を作ること、ドライブすることももちろんですが、遊び方や製作過程を伝え合うなど、そこから広がるすべてのことが子どもたちにとっては楽しいことなのでしょう。

　動画ではドアをパタパタさせながら走っていましたが、スポーツカーらしい勢いで自在に疾走する気持ちが表れている気がしました。倉橋惣三とともに保育に携わった保育者の記録を思い出しますね。子どもたちが電車の絵を描いていて、レールを指でなぞっているんです。その姿を見て、「心の中にては走りたるなるべし」と書き残しています*。イメージと自分が一緒になって走っている気持ちをとらえているんです。子どもたちの行為だけでなく、その中に込められた思いを汲《く》むことは、とても大事なことだと思います。

　それにしても、設計図もない中で、よくこれだけのものが作れましたね。試行錯誤を柔軟に積み重ねていく過程そのものが楽しく、意味があるのでしょう。ダンボールと絵の具を使った製作は、たとえば精巧なプラモデルを作るのとは違っています。外形的なリアルさを追求するのとは違いますが、別の素材、別の方法を使って表現することによって、そこに「自分たちらしさ」が加わります。車は自分たちの意思で行きたいところに行ける乗り物です。自分たちの思いから出発して、自分たちで作り上げてきたスポーツカーは、子どもたちの内的な体験にとって、かえってリアルなものになっているのではないでしょうか。

*新庄よしこ「森の組（五月の一週間――東京女子高等師範学校附属幼稚園に於ける保育の実際）」『幼児の教育』32巻6号、1932年。

「ごっこ遊び」
―― 遊具は子どものイメージを受けとめる“器”

人形も一緒に滑って遊ぶ（p.34）。

ごっこ遊びからは、本当に多くのものが育っていきます。言葉や人とのかかわり、想像力・創造力をはじめ、子どもはイメージを形にするうえで、自分のもっているあらゆる力を活用し、伸ばしていきます。

ごっこ遊びを支えているのは、子どもたちが共有するイメージです。そのイメージが、固定した役割や脚本というより、一人ひとりの心の中で生きて躍動していることが、遊びの原動力になります。

遊具は子どもの心によって生かされるものです。同じお手玉が、投げ合うボールにもなれば、子どもが手に乗せて差し出してくれると、本当においしいお団子やハンバーグに見えてきます。その子の心が込められているからです。それをいただくのは、その子の主体的な意味づけや、その子らしさを受けとめることにもつながっています。

遊具は子どものイメージを受けとめる「器」ともいえます。ベビーカーのおもちゃは、おうちごっこのリアル感を触発するけれども、ほかの使い方は難しい。布や器や車など生活に必要なもの、自然物などは、実感をもって使うことができます。廃材を使った製作では、子どもが自分のイメージを追求できますが、即興的なごっこ遊びよりは作るほうが主になるかもしれません。遊具や素材はそれぞれのやり方で子どもたちのイメージを受けとめてくれます。多様な「イメージの器」が用意されている環境が、ごっこ遊びを豊かなものにしています。

（西 隆太朗）

キャップをかぶってプロの気分（p.63）。

第5章　多彩な保育環境

話し合う楽しさ

——豊かな環境の中で

夏休みが明けて、豊かな保育環境の中で、自由な遊びが広がっています。自然な流れの中で、また、劇遊びや映像づくりを通して、子どもたちは話し合いを楽しんでいました。

保育環境　劇遊び　話し合い

左の2次元コードから動画（約7分10秒）が見られます。

場面 1

1

園庭では5歳児が野球を始めました。本格的なフォームも決まった、強打者のようですね。

4歳児が屋根上りをしています。子どもたちは園庭の多様な遊具を生かして遊んでいました。

3

2

2連になった車を、5歳児が上手に乗りこなしています。

園庭は森につながっていて、4・5歳児が声をかけ合いながら散策しています。

まわりにもいろいろな遊具が用意されていて、ロープの橋を4・5歳児が上手に渡っていました。

親子がそろそろ帰る時間になったのですが、2歳児の女の子はまだみんなと遊びたかったようで、少し泣いてしまいました。
帰り道、一緒に遊んでいた男の子が駆け寄って声をかけ、親子と3人で手をつないで歩きました。

砂場には、親子登園*の子どもも来ていました。入園前の2歳児のための、9月から受け入れるクラスなので、まだ始まったばかりです。

砂場の近くには井戸があり、ポンプで水を汲《く》んで川を作っています。

場面1

豊かな保育環境

西　いつ訪れても、自然に恵まれた豊かな保育環境が印象的ですね。

伊藤　メジャーリーグで大谷翔平選手の活躍も目覚ましいですが、子どもたちは選手のフォームをよく見ているのでしょう。ボールもよく捕らえているし、腰のひねりを加えながら打つ姿勢だとか、周囲の人々からの影響を自分の体で吸収していることがわかります（写真1）。

園庭の遊具を子どもたちは自在に活用していました。ロープの橋は、普通なら2本渡すところかもしれませんが、1本にすると子どもたちはこんなふうに使いこなしていくのですね（写真5 6）。

西　子どもたちが園庭や森を案内してくれたので、日ごろから子どもたちが環境をどんなふうに生かして遊んでいるか、その一端を感じ取ることができました。子どもたちは自分の力を精いっぱいに発揮しているし、幼い子の思いも汲んであげていて、お互いの間にも楽しさや優しさが通い合っています。今日見せてもらったのは、ほんの1日のことですが、子どもたちはきっと、今私たちに見えている以上に豊かな体験をしているのでしょう。

* 当園で行われている、保護者と未就園の２歳児が保育を一緒に体験する子育て支援事業。

クラスでは、4歳児たちがテーブルに着いて、「もっとお話をしようよ」と言っていました。組み立てブロックでどんなものを作ったか、どんなゲームで遊んだかなど、お互いに自分の体験を話したり、相づちを打って相手の話を引き出したりしながら、言葉を使って話し合うのを楽しんでいました。

10

5歳児クラスでは、男の子が画用紙に、何かを熱心に描いていました。できあがったものをクラス担任の保育者に見せています。画用紙は立方体の展開図だったんですね。作り方を保育者に説明すると、「こんなに立体的になるんだね」と受けとめてくれていました。

11

場面2

話し合う体験

伊藤　4歳児たちがこんなふうに話し合っているのは、初めて見ました。遊びながらやりとりするのはよくありますが、何も置かれていないテーブルを家族のように囲んで、言葉で話し合うこと自体を楽しむこともあるんですね（写真⑩）。

西　大人が促したわけではない、子どもたちだけの会議のようです。

伊藤　「もっとお話をしようよ」なんて、すてきですね。

西　子どもたちはそれぞれに、自分の体験を言葉にして伝えるのを楽しんでいますが、それだけでなく、「どんな色？」なんて、相手の話を促すような言葉を思いついて、お話の世界を広げようとしているんですね。

伊藤　立方体を作った男の子にも、驚かされました。作っている過程をもっとよく見ていればよかったなと思いました（写真⑪）。

西　作り方を言葉でも説明していましたね。担任の保育者はほかの子どもたちのことも一つひとつ受けとめながら、その子が「そうそう、それが言いたかったんだ」と思えるような言葉をかけていましたね。だから話が弾むのだと思います。それにしても保育者が、瞬間ごとに心を使うというこ

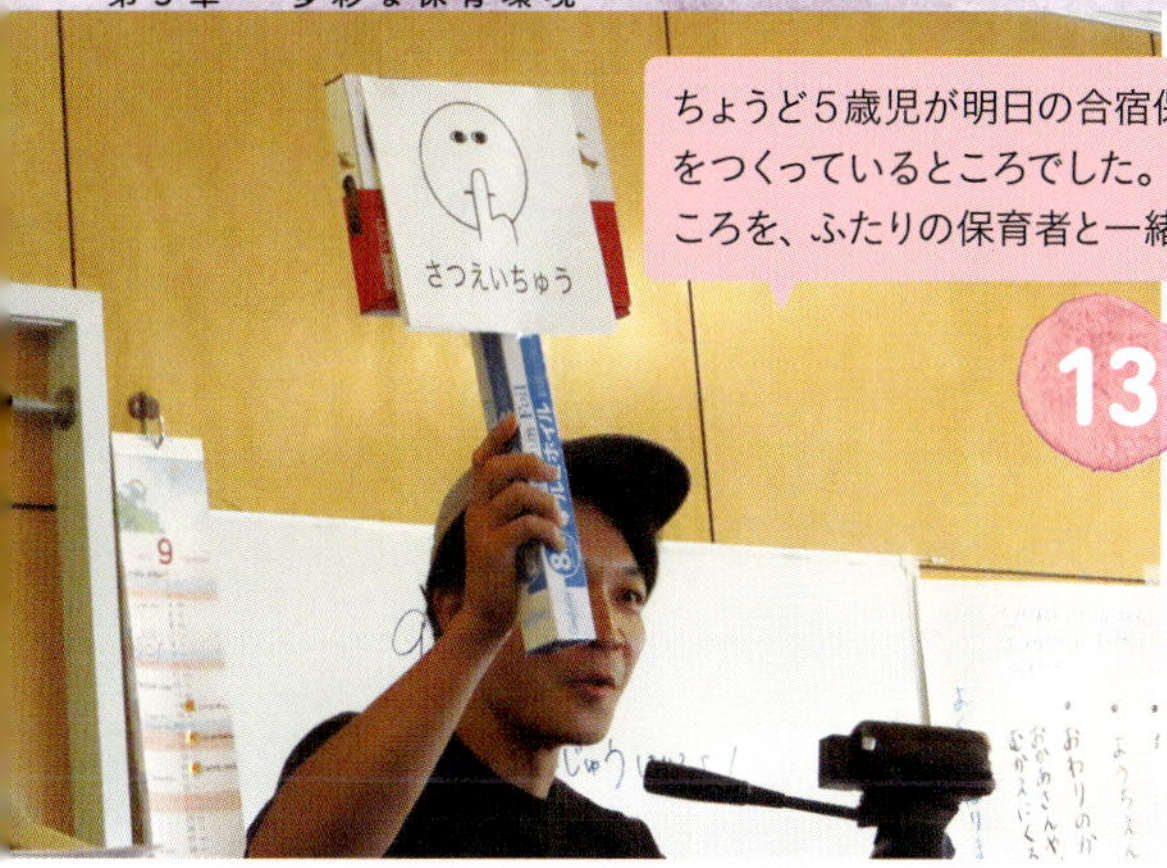

ちょうど５歳児が明日の合宿保育で上映する「映画」をつくっているところでした。映画づくりの大事なところを、ふたりの保育者と一緒に振り返っています。

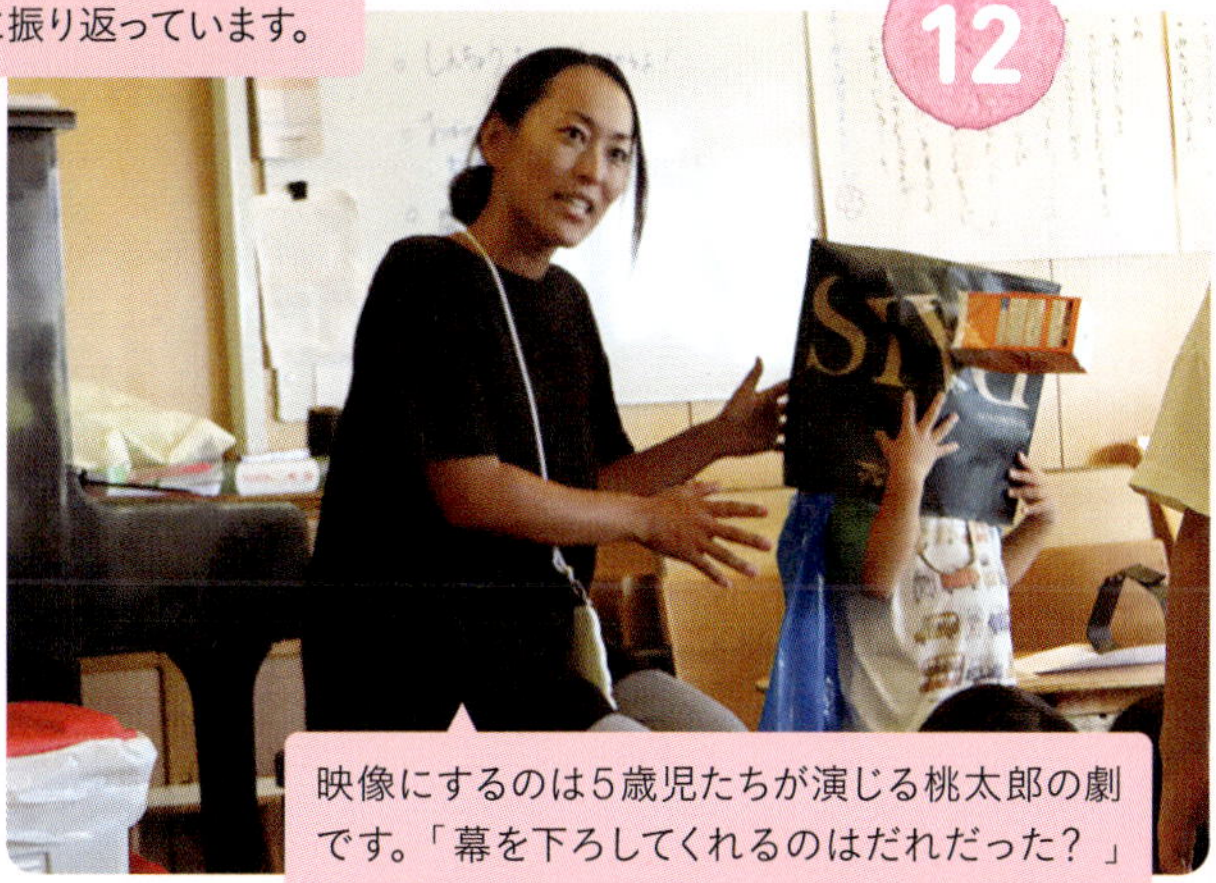

映像にするのは５歳児たちが演じる桃太郎の劇です。「幕を下ろしてくれるのはだれだった？」と保育者が問いかけると、みんなが口々にその子の名前を答えて、楽しいやりとりが続きます。

保育者に教えてもらいながらカメラに取り組む子の表情は、真剣そのもの。

いよいよ本番となり、子どもたちは役の扮装をしてホールに向かいます。

その後も、劇を振り返って保育者と一緒に話し合っています。

ナレーションも５歳児が担当し、桃太郎の劇が始まりました。鬼役の保育者が桃太郎に挑むと、子どもたちは一斉に飛びかかり、楽しく退治することができました。

とを、いつも自然な流れでされているのがすごいと思いました。

伊藤　５歳児は合宿の前日に予定表を保育者と一緒に見ながら、わくわくしている様子でした。映画もその計画のひとつで、ほかにはお化け屋敷づくりに取り組んでいるクラスもあったのですが、本当にみんなで合宿をつくりあげているんだということが伝わってきました。お泊まり保育は、どの園にも独自性があるし、子どもの心に残るものをと願ってしているものです。ここでは子どもたちが主体性を発揮して、自分たちのものとしているのが印象的でした。翌日の合宿も、きっと忘れられない思い出になったことでしょう。

西　映画づくりの過程にも、楽しい話し合いの体験があふれていましたね。保育者の言うことも、一方的に伝えられるだけでなく、必ず子どもたちなりの応答があって、それで腑《ふ》に落ちていくし、やりとりそのものに楽しさが生まれてきます。鬼とのじゃれ合いも、保育者への親しみがあるから盛り上がるわけで、言葉か、行為かという違いはあっても、人とのかかわりを心から楽しんでいるのは共通だと思います。そんな楽しい対話がずっと続いていくのが、園であり、子どもの世界なのかもしれません。

秋の園外散歩
——思い出に残る光景

穏やかな秋の日です。いつも訪れている3・4・5歳児の異年齢クラスは、園からすぐ近くにある山道へ、よく散歩に出かけています。子どもたちと一緒に、自然の中で過ごすひとときを楽しみました。

山登り　自然からの発見　思い出の風景

場面 1

1

大きい子が小さい子と手をつないだり、気をつけてあげたりしながら、山道を登っていきます。

2

子どもにとってはけっこう大きな石段です。

3

かなりの傾斜もあるのですが、子どもたちはみんな元気で、中にはかけ上がっていく子もいます。

場面 1

移りゆく景色

西　今日も山へお散歩だというので、子どもたちはとても楽しみにしていました。園を出て歩き始めると、ご近所の方々にも出会いました。子どもたちの楽しげな声が聞こえると、地域の方も玄関先に出てきてくれて、子どもたちもあいさつしたり、ちょっとお話ししたりすることができます。そうして、にこやかな笑顔でみんなを送り出してくれていました。

伊藤　10月の本当にいいお天気の一日でした。いつもよく通る道ですが、秋になれば地面に落ち葉が広がって、子どもたちは拾って集めてみたり、踏みしめて歩く感触や音を感じたり。四季の移り変わりを子どもたちはさまざまに感じとっています。

西　歩いていると、ほかのクラスの保育者や子どもたちと出会いました。同じ山ですが、いろんなお散歩のコースがあるんですね。

伊藤　歩く体験もさまざまで↖

4

桜の木のところまで来ると、Aくんが「あ！ ここで、みんなで写真撮ったね」と声をあげました。先生は「そうだね。桜が満開のころ、ここで写真撮ったね。よく覚えてたね」と答えていました。

みんなで歩きながらも、どの子も心ひかれるままに、色づいた葉っぱや道端の花を自分で見つけて、手に取っていました。気がつくと、ずいぶん高いところまで来ています。街の景色を見渡しながら、みんなで楽しく帰っていきました。

5

すね。ひとつのコースの中でも、アスファルトの道や、舗装されていない土の地面、石段やコンクリートの坂、竹林の中、畑のあぜ道など、平坦でも一様でもないところを通るので、子どもたちは自分の身体能力を駆使しながら、あらゆる感覚を通して散歩を楽しんでいます。

西　散歩ですから、ただコースを進んでいくのではなくて、ご近所の方々や、お地蔵さん、花や草にも立ち止まり、道すがら出会うものすべてとかかわっていましたね。

伊藤　子どもたちは、異年齢の間でも、友達同士でも手をつないで、いろんな歩き方をしていました。坂道を上まで駆けていったり、また下りていって後ろにいる子の様子を見に行ったり、子どもたちの動きって本当にしなやかだなあと思います。大人だったら、坂道を走ってまで友達と話したりはしないかもしれませんね。一緒に散歩してみて、子どもたちの身体の動きの柔らかさやたくましさが、改めて感じられました。

西　コースを踏破するのが目的なら、それ以外のことはしないで歩き続けることになりますが、散歩の場合は「それ以外のこと」こそが楽しみになります。保育の中の遊びも、計画をちょっと外れた楽しみが生まれてくるときに、かえって豊かなものになるように思います。

伊藤　誰が先頭だとか、誰が後ろの子の面倒を見るとか、あらかじめ決められているわけではなく、自由に歩いていました。それでも興味のあるものを見つけて立ち止まっている子がいれば、一緒になって見つめる子もいるし、振り返って後ろの子のところに行ったり、待ってあげたりもしていました。どの子もしたいことをしている中で、振り返ってみるとみんなでかなりの道を歩いていた、そんな体験だったと思います。

西　街を見下ろしてみると、3歳児も含めて、子どもたちの足でここまで来れたんだなあという感慨がありますね（写真5）。

伊藤　幼いころにこんなふうに友達と一緒に歩いた思い出や、山の上から見渡す光景は、子どもの心に原体験として残っていくのかもしれませんね。小高い山から振り返ると、自分たちが生まれ育った街が見えて、「あそこが園だね」と一緒に話したりしていましたが、そんな体験も、とてもすてきですね。

西　春の散歩を思い出している子もいましたね。心動かされること、大事なことがあれば、いつでもみんなと共有してくれるのは、Aくんらしいなあと思います。

伊藤　山を下りていくときも、満ち足りた気分に包まれていました。花束を持って帰る保育者の後ろ姿からも、本当にいい散歩の帰り道だなあという感じが伝わりますね（写真5）。

今日は別のコースから山を登っていきます。赤いイヌタデや薄紫のノギクなど、子どもたちは見つけた花を好きなだけ集めたり、プレゼントしたりしていました。

道端のちょっとした草むらを見つけると、みんなで登って花を摘んでいます。

Bちゃんの袖には、ひっつきむしがたくさんついていました。気づくと、ほかの子にもいっぱいです。みんなでお互いに取ってみても、まだくっついています。袖、ズボン、ソックスまで、ずっと一緒に取り合っていました。

場面2

一人ひとりの花束

伊藤 自然の中に落ちていたり、生えていたりする草花は、子どもたちが好きなだけ取ることができます。

西 自然という存在の、器の大きさですよね。私も花をプレゼントしてもらいましたが、子どもたちは今見つけた感動を本当に自由に、惜しみなく分かち合おうとします。

伊藤 保育者も、子どもたちが発見したことや喜びに、一つひとつ気づいて、一緒に楽しさを共有していたのが印象的でした。

子どもたちは両手いっぱいに草花を持って帰りましたが、ひっつきむしのように、知らないうちにくっついて一緒に帰ってきたものもあります。ひっつきむしは、運ばれる

10

園に帰ってみると、子どもたちが枝やどんぐり、葉っぱなどで作ったものがさりげなく飾られていて、目にとまりました。

私（伊藤）も子どもたちにもらった花を、部屋に飾りました。

12

11

秋の散歩で集めたものも生かされているのでしょう。今日持ち帰ってきた草花も、さっそく食卓を彩っていました。

ために生まれてきたものですね。そんなふうにして持ち帰ったものが、園での保育を彩るように生かされています（写真9 10 11）。

西　思い出ってそんなものかもしれませんね。楽しい旅を終えれば、予期しなかったものもたくさん持ち帰っていることに気づきます。

伊藤　園外には開かれた空間があって、いつもとは違うでこぼこした起伏のある道を楽しんで歩くことができます。

　自然と子どもって、よく似合うなあといつも思います。散歩で出会うのは、本当に何気なくそこにある自然です。そんなところを子どもが訪れるだけで、とてもすてきな場所に見えてきます。子どもという存在がすてきだからなんでしょうね。

　秋の散歩のひとときの中で、子どもたちはとても豊かな体験をしているのだと思います。

遊びの中の自由感
——環境の中で育つもの

ノートルダム清心女子大学の附属幼稚園（岡山県）に私たちはよく訪れています。
この園では年少・年中・年長が同じクラスの縦割り保育を中心に、
同年齢の横割り活動も取り入れた保育を行っています。

自然からの発見　お絵描き　保育者のかかわり

場面 1

6月の晴れた日の朝、子どもたちが登園してくる時間は、それぞれの子どもが自由に選んだ活動をしています。クラスには、さまざまなモンテッソーリ教具が置かれていて、子どもたちは自由にそれを使って遊ぶことができます。

毛糸を丁寧に編んでいる4歳児。自分で絵を描いて、その絵からクイズを出してくれる子もいました。

4歳児と5歳児が総合遊具の木に登ったり、飛び降りたり、駆け回りながら遊んでいました。

芝生の園庭には大きな木とつながった総合遊具や砂場などがあります。

5歳児が丸いジャングルジムのてっぺんまで登りつめていました。子どもたちは園庭で、体を存分に動かして遊んでいます。

遊具にはベンチもあって、3歳児と4歳児による魚屋さんのような、パン屋さんのような遊びも始まって、次々とお客さんがやってきていました。

場面1

自由に選んだ活動

伊藤　園庭の自然と遊具がつながった環境の中で、子どもたちが生き生きと遊んでいましたね。

西　どの子も笑顔で駆け回ったり、頭と体を駆使してジャングルジムを登ったりして、それぞれにしたいことを次々と見つけながら楽しんでいるようでした。

伊藤　ジャングルジムのてっぺんまで登った子どもたちは、どんな体験をしていたんでしょうね（写真6）。保育学者の津守眞先生なら、どんなふうに考えるだろうと思います。

西　津守先生の『子ども学のはじまり』*にも、ジャングルジムの話が出てきますね。登れたという外的行動よりも、子どもがそこでどんな「発達の体験」をしているのか、「子どもの側の世界」に触れて理解しようとすることが大切だといいます。

ここでは、子どもたちが大人に呼びかけるのではなく、ふたりの世界を共有しているようですから、地上から簡単に推し量れるわけではありません。「エレベーターで上がるぞ」といった声も聞こえていましたから、人力を超えるほどの推進力をもって、日常とは違う高みを感じられたのかもしれません。こんなふうに、今日の園庭のあちらこちらでも、私たちに、いま見えている以上の体験が生まれていたことと思います。

＊津守 真『子ども学のはじまり』フレーベル館、1979年

クラスに帰って、少し年齢別になって、まとまった活動をする時間となりました。3・4歳児が紙粘土をこねて、保育者にアップルパイをプレゼントしています。保育者が大切に味わって食べてくれるので、本当に力を込めて、懸命に作っていました。

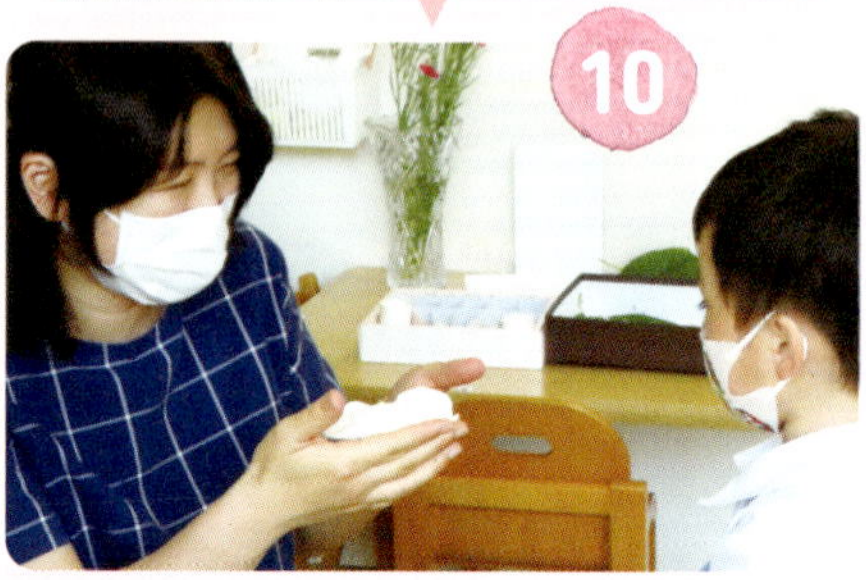

4歳児のAくんは、以前5歳児がしていた活動に興味をもって、保育者にやってみたいと言ったようです。植物の葉にはさまざまな形がありますが、その分類を手がかりに、中庭の葉っぱを探しに行く活動です。

卵、矢じり、腎臓や心臓などに形を分類し、実物と照合し、自分なりの標本のようなものを作っていました。

場面2

イメージをつかむ

伊藤　クラスでは、それぞれの年齢の子どもたちが、自分自身のイメージで何かを作り上げる活動に取り組んでいました。

西　さっきのジャングルジムのエレベーター（写真6）も、ここでのアップルパイ（写真9）もそうですが、子どもたちは自然と自分の思いを込めて、もの、状況、それから自分自身の中に、いま、目に見えている以上のイメージを見いだしていきます。「見立て遊び」「ごっこ遊び」のような形をとらないまでも、子どもたちの想像力は自然とそうしたイメージを生み出すんですね。

伊藤　園庭の葉っぱに触れて遊ぶということは、いつもしている遊びですが、その葉っぱの形にこれだけの種類があるんだということに改めて気づかされますね。そういうことに気づくきっかけを提供することも、保育者の大事な役割だと思います。

西　Aくんは年長児の活動を見↖

収穫したニンジンを絵に描いていました。ニンジンの根の部分は、コンテのいろいろな色を混ぜて指で塗り広げていきます。「こんなに色がついた！」と手を見せてくれました。葉っぱのところは筆と絵の具で描いています。

5歳児たちは、中庭のミニキャロットを摘んでいます。

Bくんは、とても念入りに指で色をつけて、ほかの子が描き終えるころにもまだ考えているようです。見ているうちに、「よし！」と言って、筆に手を伸ばしました。

できあがったニンジンは、葉の細かな部分もよく描かれ、コンテの広がりと相まって、なんだか光り輝いているようです。

ていて関心をもったということですから、年齢を超えて交流したり、触発し合ったりするのは、いい機会ですね。

伊藤　年齢別の活動をしていても、同じ年齢の子なら関心もできることもすべて同じというわけではないですから、年長や年少の活動をやってみたいという子も、もちろんいるわけです。一人ひとりの思いや状況に応えられる環境や保育のあり方が大切になると思います。

西　Bくんはずいぶん長い間、コンテの色合いを指で調整し続けていました。いま描きつつあるものと、横に並べたニンジン（写真16 17）と、自分自身の心の中にある感覚とを照らし合わせて、納得いくものになっているか確かめていたのだと思います。まわりに合わせて片づけるとか、誰かに言われたように仕上げるとかではなく、自分の内面に基準をもってよりよいものを作っていくという体験は、将来生きていくうえでも大切なものだと思います。

伊藤　藍色の画用紙が縦長になっていて、そこに一人ひとり違った色合いのニンジンと緑の葉っぱがあると、とてもきれいですね。これが「白の画用紙に自由に描く」だと、また違ったものになってくると思います。いろいろな素材感を体験する中で、表現の可能性が広がっていきます。何もないところで「自由に」というだけでは、本当の自由感をもって表現できないかもしれません。子どもたちが自由を感じながら遊べる環境のつくり方には、本当にさまざまな工夫が必要ですね。

　今回のように同じ素材を使っていても、表現の仕方はそれぞれに違います。誰ひとり同じように描いている子はいなくて、本当に一人ひとりの個性があるんだなあと思います。

西　一人ひとりの時間感覚や、描き方、取り組み方を、保育者の先生も尊重しながらかかわっていましたね。多様で豊かな環境を提供しながら、子どもの内面の自由を保障していくということは、どんな保育の中でも大切な課題だと思います。

子どもが育つ環境
——クラス・園庭での遊び

小高い山へと少し登ったところにある園を訪ねました。
クラスでの活動のあと、子どもたちは園庭へ駆け出しました。
3・4・5歳児、各クラスを見る中で、子どもたちの成長の過程が感じられます。

製作　アスレチック　子どもの個性

左の2次元コードから動画（約4分30秒）が見られます。

場面 1

1

卒園も近づく2月、5歳児クラスでは、子どもたちが自分の顔を画用紙で作っていました。

場面 1

クラスでの製作

伊藤　クラスの部屋の中にいても、いつも自然が感じられる環境ですね（写真5）。街全体を見渡すことのできる眺望もあります。

西　子どもって、高いところから見渡すのが好きですよね。ベランダから「外を見せて」と子どもたちに抱っこをせがまれることもよくあります。幼い子どもたちがおんぶや抱っこを求めるのは、人と触れ合いたいという気持ちももちろんですが、いつもと違う、大人より高い視点を体験したいという思いもあるのでしょう。クラスや園庭で視野が開けてくる体験も、子どもの育ちを豊かにしているようです。

伊藤　黒い紙を本当に細く切っている子がいました（写真2）。どんなふうに使うのかと思っていると、顔の後ろに貼って髪形の一部にしたんで

2

黒い紙を細く切って、髪の毛を表現しています。

3

表情は一人ひとり違っています。ほっぺたにハートをつけている子もいました。

いろいろなアイデアで、自分らしい顔を作っています。

4

5

木を生かした園舎には大きな窓があしらわれ、山の自然がいつでも目に入る環境です。

すね。確かにそうすれば、本当に髪らしく見えてきます。

西　子どもたちが製作活動に取り組むときは、友達と一緒にしていることを楽しみながら、一人ひとり本当に違った個性を持つ作品を作っています。自分の持っている技術を駆使して何かに挑むことも、子どもたちの好きなことです。自分自身の力で伸びていることが実感できるからかもしれません。また、お互いの作品のこともよく見て、いいなと思ったり、触発されたりすることも多くあります。子どもは人の個性を味わう感性を持っているように思います。

滑り台に上る階段ではなく、その外にある斜面を上るのにチャレンジしている子もいました。全身の力を使って一生懸命上っていきます。斜面を上るだけでなく、下りるのもなかなか力のいるところです。難しそうな子には保育者が声をかけていました。Aくんは自力で上り下りをやりこなしたのですが、保育者の声を取り入れ、さっそくほかの子にも注意を促しています。

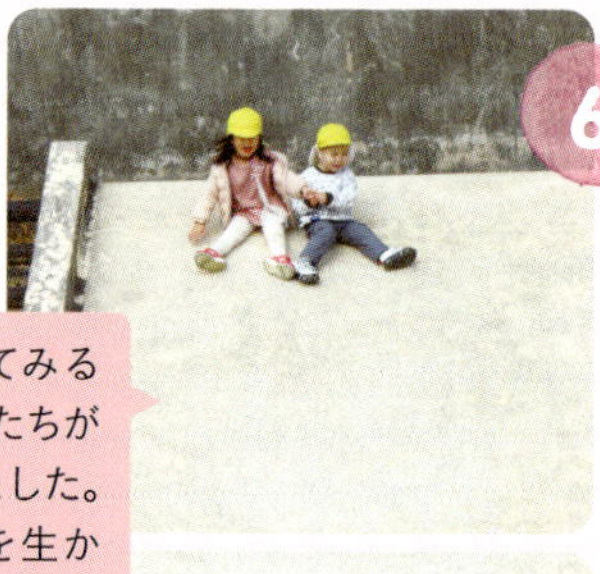

園庭に出てみると、3歳児たちが遊んでいました。山の斜面を生かした大きな滑り台で、手をつないで滑っています。

4歳児が園庭にやってきて、アスレチックに上り、そこからつながっている滑り台へとやってきました。

Bくんは先頭に立って、回転しながら滑る技を見せてくれました。「みんな来て！」と声をかけるので、みんなも思い思いのやり方で滑るのに挑戦しています。ちょっと危ないかな……と思ったのでしょう、保育者が声をかけると、今度はみんなで手をつないで、一緒に滑る遊びになりました。「海に落ちまーす！」とイメージを共有して楽しんでいました。

今度は5歳児です。斜面もスムーズに上れるし、助走から攻めていく滑りも見せてくれて、成長が感じられます。

5歳児は、滑り台や階段、斜面を活用した追いかけっこもできるんですね。

13

滑り台につながるアスレチック。子どもたちは高いところから、園庭とこの街を見渡すことができます。

15

撮影している私（伊藤）に、このアスレチックがどんなところか、子どもたちが案内してくれました。

14

場面2

園庭での遊び

西　今日はクラスごとに園庭に出てきたので、子どもたちの成長の様子が実感できました。3歳児にとっては斜面を上るのは大きなチャレンジでしたが、4・5歳になると斜面を横切って駆けることさえできるようになっていました。それが当たり前のことのようにして遊べている、そのこと自体が成長なのだと思います。

伊藤　3歳児のAくんは、斜面の上り下りを注意深くやりこなしていました。その難しさを実感したのでしょう。「いま工事中です」とも言っていましたが、斜面の険しさのイメージが伝わってきます（写真8）。

西　Aくんが成長する中で、同じ園庭でも、この子にとっての道づくりがされていくんでしょうね。

伊藤　4歳児は全員で手をつないで下りる遊びをしていました（写真10）。保育は「自由か、一斉か」のどちらかではなく、子どもたちの心が動くときには、自然と遊びがつながっていくものです。

　遊びや遊具がダイナミックなものである場合には特に、子どもの安全にも十分な配慮が必要ですね。保育者は子どもたちが遊ぶ様子をよく見て、必要なタイミングで声をかけ、またそれぞれの子どもたちにもかかわっていました。

西　4歳児のBくんは先頭を切って滑り台の技を見せてくれました。「みんな来て！」と駆け出す様子はとても生き生きとしています。身をもって範を示し、楽しさによってみんなの心をひきつける様子を見ていると、リーダーシップの原点はこういうところにあるように思えてきます。

伊藤　5歳児たちは、この環境をよく知って使いこなしているようでした。助走からスムーズに滑り下りる様子や、上る・下りるだけでなく、追いかけっこができるのも5歳児ならではの力です。ふたりで手をつないで滑っている子もいましたが、3歳児とはまた違った息の合い方が感じられます。

　大きなアスレチックも、子どもたちの世界を広げています。園を訪れた私（伊藤）に、そんな世界を案内し、分かち合ってくれたのもうれしいことでした。この園でしてきた体験や、ここで日々出会ってきた光景が、子どもたちの心の糧となってずっと残っていくことと思います。

保育を考える キーワード ❺

「保育環境」
——人間を育てる“土壌”

樹木を生かした園庭（p.101）。

保育室の環境には、保育者の思いが込められています。遊具の配置や収納が使いやすいものになっているかは、遊びの「自由感」に影響しています。安全のためには、遊びの実際や動線を、子どもの視点で考えることが必要です。遊びの空間と生活の空間も、分断するよりも、保育者と子どもの間に自然なコミュニケーションが生まれるようなレイアウトの工夫が求められます。遊具がどんなふうに子どものイメージを触発するかによって、遊びの展開も体験も変わってきます。

環境は一度つくったら変わらないのではなく、クラスの状況や子どもの発達に応じて変化していきます。保育環境は子どもたちの姿に対する保育者の応答といえるでしょう。

園庭や園舎には、園としての保育観が表れます。園庭に築山などの起伏があることで、運動機能発達のポテンシャルが引き出されます。上の写真「樹木を生かした園庭」の例では、木々が季節ごとにいろいろな実をつけ、子どもたちは木の上のログハウスに登るのを楽しんでいます。こうした環境は、長い年月の中で、園長の思いや、保育者たち、専門の業者や保護者らの協力も得て作られてきたものです。園外の環境まで含めると、地域の自然・文化・コミュニティーも、子どもを育む大きな力となっています。草木や動物の命を育む土壌と同じように、人間を育てる「土壌」もまた、無数の生命の営みが積み重なってできています。その土壌は、何か決まった方法によってではなく、子どもたちにとって何が必要なのかを考え続ける日々によって、豊かにされていくのでしょう。

（西 隆太朗）

生活と遊びの空間のつながり（p.13）。

第6章　心が通う関係性

支える手

――異年齢クラスの子ども同士のかかわり

3・4・5歳児の異年齢クラスでは、遊びの時間だけでなく、日々の生活を通して、発達の異なる子どもたちがかかわり合っています。その中で、「できること」もたくさん増えていきますが、それと同時に、お互いに尊重し合う心も育っているようです。

心に寄り添う　水遊び　片づけ

場面 1

自由遊びを終えて、片づけに移るころ。このクラスでは一斉に片づけさせるのではなく、遊びの様子を見ながら声をかけていて、子どもたちは協力し合い、楽しみながら片づけをしています。

6月のある日のことです。Aくんがおもちゃを手にしたまま立っていたので、それに気づいたBくんが片づけてあげようとしました。でもAくんは自分自身でしたかったのか、泣きそうになってしまいました。

場面 1

片づけのとき

伊藤　このクラスでは何かトラブルのようなことがあると、子どもたちがさっと集まってきます。保育者もこの場面と同様、クラスの状況によく気づいて、いつでも穏やかに子どもたちと話し合い、励ましています。

実際には、片づけの間に起こった一瞬のできごとです。保育者が見逃してしまえば、それで過ぎ去っていたかもしれません。大騒ぎしたわけでもないし、けんかになったわけでもありませんでした。ただ、どの子にも自分の思いがある。Bくんも、遊びに入りそびれているような年下の子には、いつも声をかけてあげている子です。互いのことを思っている仲間同士でも、行き違いは起こってくるものでしょう。それをなかったことのように流してしまうのでは、子どもが抱いている思いも行き場を失ってしまう。

そんな大切な瞬間に、この保育者はいつでも気づいて、子どもたちを力づけにやってきてくれる――このクラスでの観察を続けていて、そう感じています。

西　子どもたち自身、もう片づけの時間になっていることも、AくんとBくん両方の思いもわかっているだけに、

2

保育者はその様子に気づいて、Aくんが思いを伝えられるよう声をかけました。それはとても穏やかな声でした。また保育者は、BくんがAくんによかれと思って、責任をもって手伝ってあげようとした気持ちも、受けとめていました。

4歳児たちがそばに集まってきて、泣きそうなAくんの背中を励ますように、そっとたたきました。

3

ある男の子は自分も泣きそうな表情でした。それでもAくんは思いを言えそうではなかったので、保育者は「さっき言ったみたいに伝えてみたらいいんだよ」と声をかけ、まわりの子どもたちには「ふたりで話をするからね」と言いました。集まってきていた子どもたちは片づけに戻り、保育者はAくんとBくんが気持ちを立て直せるまで、優しくつきあっていました。

共感を言葉にするのは難しいことです。それでも、言葉を超えて、支える手で伝えている。自分も泣きそうになって立ち尽くす様子は、倉橋惣三の『育ての心』（フレーベル館）に収録されている「廊下で」を思わせます＊。言葉にはならないけれども、大人以上に深い共感を寄せている子どもたちの姿を、倉橋は描き出していました。

伊藤　私にとってはとても心に残る場面だったので、あとでこの写真を保育者に見てもらったんです。保育者は、「そのときは渦中にいて一生懸命だったけれど、いま写真を見ると改めて、子どもたちってこんなに優しいんだと思う」と言われていました。

西　どんなことにも一緒に立ち会い、考えていこうとする姿勢が、このクラスにはあります。幼い日に、大事なことはみんなで話し合えるんだという集団への信頼を持つことは、子どもたちにとって将来、広い社会で人々と出会っていく希望につながるでしょう。

日々保育者が身をもってしている姿勢が、子どもたちにも自然に取り入れられているからでしょうね。人はケアされることで、ケアすることを学んでいくのだと思います。

＊本書41ページを参照。

7月の園庭で、水遊びが始まっていました。保育者が水をまいてくれて、どの年齢の子も笑顔で駆け回っています。総合遊具に保育者が水を上からも下からもかけると、子どもたちはウオータースライダーのように、涼しさと水をかぶる感触を楽しんでいました。

4

5

6

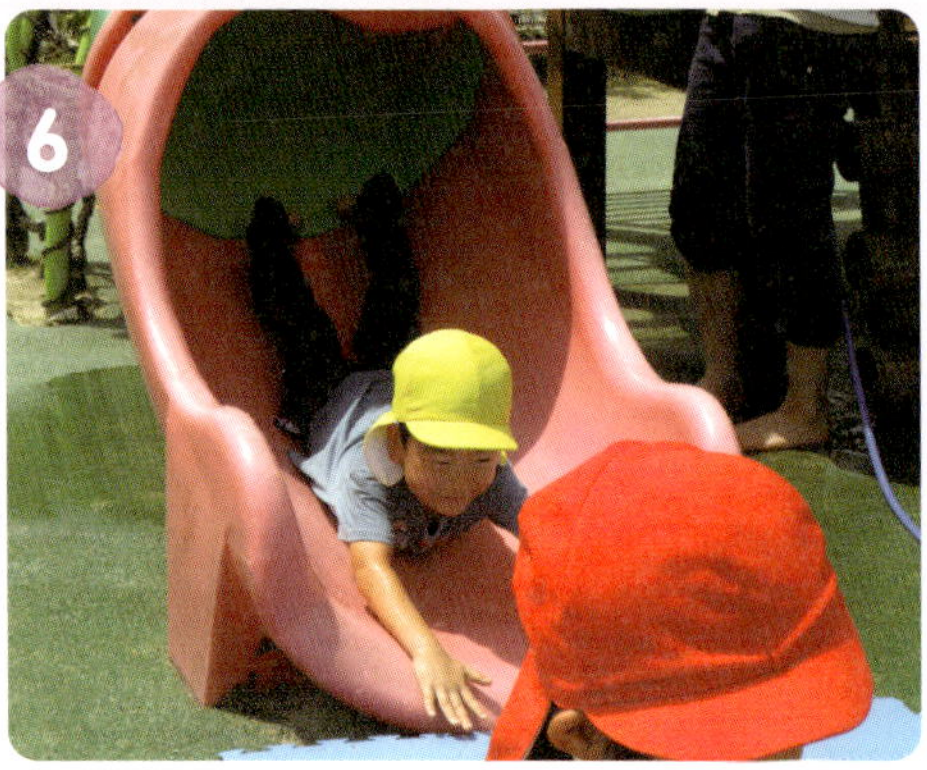

5歳児の男の子は、スライダーに頭からチャレンジして、とてもうれしそうです。

場面2

着替えのとき

西　ウオータースライダーは、子どもたち一人ひとり、滑り方も楽しみ方も違って、個性がありますね。

伊藤　異年齢で活動する場合は、この園庭での水遊びのように、年齢が違ってもそれぞれのやり方で楽しめるものがあるといいですね。はじめはおずおずとやってみた幼い子もやがて歓声をあげ、大きい子はダイナミックに体を動かして、水を浴びながら駆け回っていました。発達には幅があっても、みんなが楽しい体験をともにできるような遊びが考えられています。

西　着替えの場面には、異年齢クラスの生活の中で、大きな子が小さな子の面倒を見る様子や、保育者の配慮のあり方が表れていますね。

伊藤　3・4・5歳児が同じ空間で着脱しているのは、年齢別クラスではあまり見られない、異年齢クラスならではの場面です。5歳児たちはとてもしなやかな動きで着替えていましたが、その様子を見ていても、子どもたちが3歳から5歳にかけて、こんなふうに成長していくんだということがよくわかります。

西　3歳児のCくんにとっては自分の体よりも大きいシートですが（写真7）、本当に全身を使い、床に自分の目線を合わせるようにかがんで、一心にたたんでいるのが印象的ですね。

伊藤　こんな体験を積み重ねるうちに、どんなふうに体を動かせばいいか、つかんでいくのでしょう。観察しているときは、私も「がんばって！」と子どもの気持ちに寄り添うような思いで見ていたのですが、あとから写真で振り返ると改めて、こんなにも全身で取り組んでいたんだなあと気づかされます。

西　できるようになったという結果以上に、子どもがそのこと自体に意味を感じながら、気持ちを集中させて試行錯誤する体験の豊かさが大事なのかもしれませんね。

伊藤　誰かがちょっと手伝ってあげれば、もっとスムーズにたためるのかもしれませんが、子どもがこんなふうに一生懸命しているときこ

8

一生懸命に調整をくり返し、うまくコンパクトにまとめて、かばんにしまうことができました。

7

水遊びのあとは、濡れた服を着替えます。着替えるとき、このクラスでは、自分の場所を示すシートを敷くようにしています。3歳児のCくんが着替えを終えて、シートをたたんでいました。

9

保育者は子どもたちの髪が拭けているかなど、全体をよく見てあげながら、声をかけています。「ちょっと聞いてください。着替えが、かばんの中に入っていない人がいるよ」と言うと、子どもたちは自分でも気づいてさっと直しに行っていました。それから、水遊びのあとのしずくが少し床に残っていたのを見つけて、保育者はすっと拭いていました。

そ、見守り、待つことが大事なのではないかと思います。

　5歳児の子どもたちはよくわかっているなと思うんですが、小さい子がこんなふうに自分でがんばっているときは、手伝いにいきませんね。その子が困っていて、少しだけ手伝ってあげれば自分でできるというところを、してあげていました。そういうときは、何も言わないけれど、とても自然にそばに寄り添って手を貸してあげていますね。

西　遊びの中でときどき異年齢が交流するのとは違って、生活をともにしている異年齢クラスだからこそ見られる場面でしょう。異年齢の長所として、大きい子が小さい子の面倒を見てあげることが挙げられますが、どんなふうにケアしているのか、その実際を見てみることも大事ですね。

　手伝うにせよ、見守るにせよ、どんな思いでそうするかが大事ではないでしょうか。自分でできるように「見守る」のは、距離を置いたり子どもだけでできるか試したりすることではなくて、一生懸命しているその子の思いを大切に尊重することなのだと思います。

　担任の保育者は子どもたちの様子をよく見ていましたし、床を拭いたとき（写真9）もそうですが、クラスにとって必要なことがあれば、いつでもすぐに気づいて動いていましたね。

伊藤　保育学者の津守眞は、「地を這《は》うような、目立たない日々の保育の中に光があります」と語っていました*。それは津守が障がいを持つ子どもたちを支える日々の中から生まれた、重みのある言葉ですが、どんな保育にも通じている言葉のような気がします。床を拭いていた保育者のように、保育園では文字どおり地を這うように動きながら、子どもたちとの楽しい生活をつくっているなあと思うんです。

西　何かあればすぐに自分から動いて、誰かのために身を挺《てい》してケアをする――保育者の仕事ってそういうものだし、子どもたちもそれによって支えられているんだと感じていることでしょう。そんな保育者に日々触れる中で、子どもたちは誰かが何かを必要としていれば、いつでも力を惜しまずケアする姿勢を学んでいくのだと思います。

＊佐藤 学・監修　津守 眞、岩崎禎子・著者代表『学びとケアで育つ 愛育養護学校の子ども・教師・親』小学館、2005年

遊びの中の保育者のかかわり
——クラスで、園庭で

保育者にとって、遊びの世界を通して子どもとかかわることは、信頼関係を築いていくための重要な通路となっています。そのかかわり方は、状況によって、また保育者の個性によってさまざまです。

保育者のかかわり　レストランごっこ　水遊び

左の2次元コードから動画（約5分）が見られます。

場面 1

1

クラスにはさまざまな遊びが展開できる環境が用意されており、レストランごっこのできる場所もあります。3歳児のAちゃんは、お客さんになって料理を注文していますが、5歳児のBちゃんは、このところ調理のほうに熱心なようです。

2

C先生はAちゃんの注文に応じながら、厨房《ちゅうぼう》に入りたいDくんには、コックさんの帽子を用意してあげていました。

3

Aちゃんは何度も保育者に注文して、お料理のセットやスパゲティ、ソーダ水など、いろいろなものを食べていました。まさに至れり尽くせりといった感じです。

4

よく見ていると、C先生はAちゃんにごちそうを振る舞っているばかりではないようです。厨房《ちゅうぼう》にある食器や食材など、適宜整頓を続けながら、お客さんの相手もし、また向こうにいる子どもたちの様子も気にかけています。

5

Aちゃんはごちそうさまをして、お会計をしていました。

7

C先生は厨房を出て、部屋のいろんな子どもたちにかかわっています。列車を走らせている女の子たちの様子を見たり、男の子のボードゲームの相手をしたりしていました。今回のゲームの勝負は、C先生の勝利だったようです。

6

おうちに帰ってくつろぎながら、家計の確認などしているようです。

8

場面１

クラスの中で

伊藤　よく訪問している園を8月にも訪れました。Aちゃんはいつも明るくて元気のいい女の子ですし、この異年齢クラスでは3歳の年少児ですが、C先生とごっこ遊びを楽しむ様子には、とても落ち着いた充実感があって、ずいぶん大きくなったんだなと感じさせられました。

西　自分のために「先生が作ってくれる」のは、とても特別でうれしいことでもあるんでしょうね。お料理をどんどん注文していながら、わくわくしている様子でした。何を頼んでも、「先生ならきっといいものを作ってくれる」という、安心感もあるのでしょう。

　こんなふうにAちゃんを大切にしながらも、C先生はそれだけをしているわけではないんですね。調理中もいろんな子どもたちに助言を求められていましたし、クラスで遊んでいる子どもたちの様子にも気を配り、声をかけていました。動画からも伝わってくると思いますが、そんなかかわりが、コンスタントに厨房を整理しながらなされているのが印象的でした。Bちゃんのテキパキと調理する様子も、このような保育者のプロフェッショナリズムに影響を受けているのかもしれません。子どもたちへの「言葉かけ」もこまやかにされていて、そうしたかかわりすべてに通底する「人となり」こそ、子どもたちに大きな影響を与えるのだろうと思います。

伊藤　保育の中では、「一人とも、みんなとも」ということが、とても大事だと思っています。どの子のことも一人ひとり大切にしながら、クラス全体もよく見てかかわる——それは保育者にとっての永遠の課題といえるでしょう。その難しい課題には、保育者がそれぞれの個性を生かして取り組むわけで、保育者の実際の姿から学ぶことはたくさんありますね。

西　熟練した保育者のかかわりを、自分がすぐに同じようにできるわけではありませんが、そうした姿に触れる体験は、自分自身の保育を深めていく手がかりになるだろうと思います。

9

夏の盛りのある日、園庭では水を使った遊びをしていました。

10

11

3・4歳児は泥んこで遊んだあとなので、手は泥だらけです。その手のままで追いかけっこをすると、子どもたちは喜んで駆け出していきます。

場面2

園庭の追いかけっこ

西　子どもたちは、ただ一緒に走る、追いかけ合うだけで、そのことが本当に楽しいようですね。Gちゃんのように、ふと目が合って駆け出せば、それだけでお互いに心が伝わる――そんな実感も、うれしいのだと思います（写真15）。

伊藤　園庭の保育を見ていて、F先生は本当に遊びの中で子どもたちとよくかかわっているな……と思っていたんです。この場面では、Eくんに気づいてすっと動かれていたのが印象に残りました。「一人とも、みんなとも」かかわることの大切さ、難しさについて触れてきましたが、こんなところにもF先生の子どもを見る眼やかかわりのあり方を感じ取ることができます。

西　保育を見ていて、そういう場面に気づくことができるかどうかで、保育理解の深さは変わってくるように思いますね。

泥で遊ぶとき、一度触れてみると、もう多少濡れても同じことだから、かえって自由な気持ちにな

追いかけっこをする中でF先生は、３歳児のEくんがベンチにすわっているのを見つけたようです。

12

13

手を差し伸べて誘いかけ、園庭の泥を一緒に手につけて、駆け出しました。

14

15

F先生がみんなのところに戻ってくると、今度は目が合った子どもと追いかけっこになりました。そうしていろいろな子どもたちとかかわりながら、みんなで遊びの楽しさを共有していました。

れることがあります。誰かに心を開いて信頼関係を築くときや、新しい体験が肌感覚になじんでいったりする過程にも、同じことがいえるかもしれません。思い切ってかかわるきっかけが、ふとしたこと、ときにはマイナスに見えることから生まれるわけです。「一緒にやってみよう」と声をかけること、そして大切に手を取ってくれることが、心に響く誘いかけにつながりました。

そうやってEくんのことにも気を配りながら、ほかの子どもたちや遊びの流れにも、瞬間瞬間に応答しているところは、「場面1」のC先生と共通しています。

それにしても、こんなふうにどの子にも応答し、それも言葉だけでなく、一緒に駆け回りながら日々をつくっていくことは、なかなかできることではないですね。心も体も知性も生かしながら人間とかかわる「保育者の専門性」は、こんな一つひとつのかかわりの中にこそ表れるのではないでしょうか。写真や動画から、改めて感じ取っていただけると思います。

流れゆく一日
——保育者のかかわりとその存在

一日の保育の中には、本当にいろんなできごとがありますが、その一つひとつを支えているのは、保育者のかかわりであり、その保育者の存在そのものです。
3・4・5歳児の異年齢クラスでのそれぞれ別の日の観察場面から、具体的に考えてみましょう。

生命　保育者のかかわり　真剣勝負

場面 1

5月、園庭の寄せ植えには花がいっぱいに咲いています。3歳の子どもたちはそこに何かが動くのを見つけて、驚いています。

それは園庭を訪れたチョウでした。近寄っても逃げなそうなので、みんなはつかまえようとしました。ちょうどそれに気づいたA先生は、「みんな、よく見てごらん。羽が破れているんだよ」と言いました。

子どもたちも、傷ついたチョウだから動けないのだと気づいて、つかまえるのはやめて、しばらくじっとそのチョウを見つめていました。

場面1

命あるものを大切にする姿

伊藤　子どもたちがチョウを見つけたとき、A先生はそこで何が起こっているのか、さっと把握して、さりげなく声をかけています（写真❷）。うっかりすると見逃してしまったかもしれないできごとに、繊細に気づいていたのが印象的でした。

「つかまえちゃいけない」だとか、子どもに指示する言葉はかけていません。ただチョウが傷ついていることに目が向くような言葉をかけるだけで、子どもたちは自然とそのチョウに思いを寄せ、大切にしなければと思ったようでした。

西　生命の厳粛さというものは、言葉で教えさえすればわかるとは限りません。生命を尊重する保育者と接して、子どもたち自身も命あるものとして大切にされる中で、子どもたちはそれを自然と学んでいくのでしょう。言葉以上に、保育者が体現している姿そのものが、何よりも「教育的」な意義をもっています。

場面２

4月のある日、子どもたちはいろいろな植物に触れていました。A先生は草で編んだ冠を、みんなの帽子につけてあげています。つけてもらうと子どもたちは得意になって、そのまま園庭に駆け出して遊びます。

5

6

5歳児の子どもたちは、園庭で栽培しているトマトのわき芽を探して、摘み取っていました。最初にどう間引くかを教えていたので、子どもたちは常々気をつけて、自分からしてくれているそうです。

7

A先生が園庭にじょうろの水で線を引き始めました。5歳児が集まってきて、「田んぼ鬼」をして遊びました。先生から逃げては喜んだり、果敢に挑戦したり、どの子も真剣に楽しんでいます。

8

園庭での遊びを楽しんだ一日の終わり、砂場には草花をあしらったケーキが残されていました。

伊藤　子どもたちも、そこから自分自身で感じて、考えて、学び取っていくんですね。私には、この園に舞い込んできて、子どもたちに見守られたことは、この傷ついたチョウにとってもよかったんじゃないかなとも思えてきます。

場面２

遊びにつながる提案

伊藤　「場面1」は自由遊びの中でのエピソードでしたが、ここでは保育者がまとまった遊びにつながる提案をいろいろとしています。

西　「集団」と、「一人ひとり」と、両方を大切にされていますね。子どもが集まる写真❺のような場面では、子どもたちが口々にいろいろなことを言ってきます。みんな、A先生に聞いてほしいんですね。そんなとき、どの子にもさりげなく応答してあげていることも印象的でした。その場の流れの中ですから、話し込むわけではないですが、必ず認めてくれることがわかっているからこそ、子どもたちも話しかけたくなるのでしょう。

10

にぎやかな遊びにまじりながらも、Bくんは自分の作品を作り上げています。

9

ある3月の室内の自由遊びの時間です。ウレタンブロックを組み合わせて一緒に家を作ったり、絵本を読み合ったりと、どの子もやりたいことを見つけて活動しています。

11

5歳児のCくんとDくんが、メンコを始めました。DくんはA先生にどうしても挑戦したいのです。

12

13

そこでA先生は、危ないからみんなに間をあけるように言って全力でメンコをたたきつけました。3歳児のEくんも真剣に見ています。

14

最後はDくんと先生の対決となりました。「やった！先生に初めて勝った！」と、喜びの叫びがあがります。

場面 3

真剣勝負

伊藤　子どもたちが本当に自由に遊べているときって、こんなふうだなあとこの日の室内遊びを見せてもらって思いました（写真⑨⑩）。どの子にもやりたいことがあって、次々と遊びが展開していきます。Bくんは自分自身の知的な取り組みに集中していますが、メンコで遊ぶほかの子の輪の中に交ざってすわっています（写真⑩⑫）。

西　ゲームの勝ち負けは、やってみるまではわからないものです。いつも誰が勝つとは決まっていないからおもしろいのでしょう。メンコの真剣勝負をするときのA先生は、まるで少年のような表情になって立ち向かっていました。

　この日のDくんの喜びからは、彼がどれだけA先生を敬愛しているかが伝わってきました。幼児期に心から尊敬すべき人と出会えることは、かけがえのない体験だと思います。

場面4

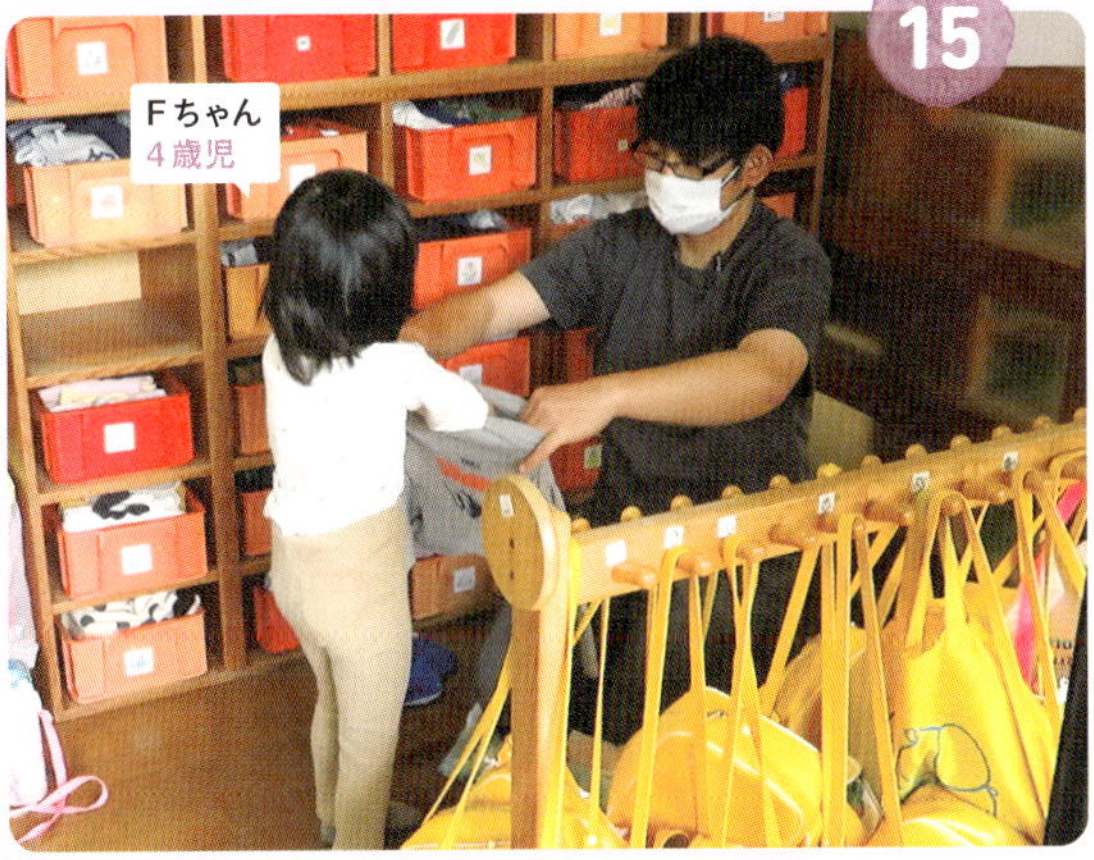

みんなが園庭に出ていきます。Fちゃんは着替えをしてから出かけるところで、それをA先生が手伝っています。最後まで見守ってもらって、Fちゃんは元気に駆けていきました。

場面4

優しく支える

伊藤　4歳児ですから、着替えはひとりでもできるのですが、ここでA先生は手伝っています。そのあと先生は片づけもしながらFちゃんを送り出していました。クラスで最後になっていたのですが、先生のおかげでFちゃんは本当にうれしそうに出かけたんです。A先生が、一人ひとりを本当に大切にされているんだなあと感じた場面でした。

西　かごを棚に入れるのは先生も手伝っているのですが、最後はFちゃんが自分できっちり押し込んでいます（写真17）。支えられると元気になって、自分からやりたくなるのでしょう。A先生のかかわりにはいつも、安定した優しさが感じられます。

保育の一日の中には、遊びも生活もあって、保育者は子どもたちの状況に即応してさまざまな役割をとっています。一人ひとりのことも、みんなのことも、いつでも考えながら動く人がいるからこそ、保育の一日が子どもにとって充実したものとなります。保育学者の倉橋惣三はそれを「流れ行く一日」＊と呼びました。

それが保育者の配慮にどれだけ支えられているのか、ここにあげた4つの場面からだけでも、改めて感じさせられます。その配慮はマニュアルによっては説明し尽くせない。大事なのは、保育者の存在そのものです。保育を見るとき、そんな保育者の個性的なあり方からも、いつも多くのことに気づかされ、学んでいるように思います。

＊倉橋惣三『幼稚園真諦』フレーベル館、2008年

話し合い
——異年齢でのクラス集団を考える

3・4・5歳と、発達にも幅のある子どもたちがともに生活する異年齢クラス。子どもたちが集団として、どんなふうにつながっているのか、日常の保育、遊びと生活の場面から、考えてみましょう。

ごっこ遊び　片づけ　話し合い

場面 1

6月のある日、クラスを訪れると、AちゃんとBちゃんが一緒にアイスクリーム屋さんごっこをしていました。生き生きと頬張り、おいしそうに食べています。

手を合わせて「いただきます」。

色とりどりのフルーツを、スプーンを使って盛りつけて楽しんでいます。

4歳児たちは、おうちごっこのコーナーの隣で電車を運転しています。そこに3歳児もやってきて、一緒になって遊んでいました。

場面 1

アイスクリーム屋さん

西　3歳児のAちゃんとBちゃんは、とても楽しそうに遊んでいますね。

伊藤　「食べるまね」を超えて、思う存分に食べる体験を楽しんでいます。これは6月、ちょうど新しいクラスが安定してきたころの場面です。この園では、3歳未満児は担当制の保育、3歳以上児は異年齢クラスでの保育を行っています。新年度が来ると、3歳児にとっては、それまでの年齢別から異年齢クラスに移ることになるし、保育者ひとりが受け持つ子どもの人数も、2歳児と3歳児ではずいぶん変わってきます。

西　2歳児から3歳児への移行は、さまざまな環境の変化を伴う大切な時期ですね。子どもも大人も、移行期には心の揺れを体験しますが、そんな時期をどう支えるかにも、保育の質が表れるといわれています。

伊藤　そんな中で、こんなふうに3歳児らしさを発揮して遊べていてよかったなあと思います。

西　新しいクラスにも慣れ、クラスが自分の居場所になっているんでしょうね。3歳児を迎える4・5歳児たちの優しさや、きょうだいのいるクラスに入っていることもあって、自由遊びの中で年齢を超えたかかわりが自然と生まれていきます。何よりも保育者との信頼関係があるからこそ、こんなふうに楽しく移行期を乗り越えていくことができるんでしょうね。

場面２

給食の時間が近づき、そろそろ片づけを始めるころです。保育者は遊びの様子を見ながら子どもたちに声をかけ、子どもたち同士もお互いに促し合って片づけていきます。4・5歳児たちは手慣れた様子で、大きなブロックなども次々と手渡していました。

5

6

ダンボールでできた軽いブロックをどう積み重ねて運ぶかなど、その子なりに工夫しています。

3歳児たちもがんばっています。抱えきれないほどのブロックの片づけにチャレンジしている子もいました。

7

9

ものの10分もすれば、クラスはきれいに片づいてしまいます。みんなで床に落ちているゴミを拾っていますが、子どもたちは身をかがめて一生懸命です。

8

3歳児同士協力して、一緒に運ぶ姿もありました。

場面２

片づけ

西　このクラスでの片づけは、いつ見ても驚くほどきれいになりますね。一人ひとり、その子なりのチャレンジや流儀があるのもおもしろいところです。

伊藤　本当にそうですね。片づけそのものを協力して楽しんでいるからでしょう。保育者も、一斉に早く片づけさせるというような考えはしていません。遊びを少しずつ収めていけるように声をかけているし、どんなふうにしたら片づくか、子どもたちと一緒に考えています。

西　一心に遊んでいる時間を終えて給食に向かっていくのも、ひとつの「移行」です。片づける、切り替えるといった結果ばかりでなく、移行の体験そのものを大切にして、楽しめるようにしているから、片づけの時間も子どもたちにとって充実したものとなるのでしょう。

9月になり、クラスも安定してきています。給食の準備をするころ、5歳児のCくんは、張り切ってテーブルをきれいに拭いています。Cくんは私（伊藤）に、クラスの中で誰と誰がきょうだいなのか、教えてくれました。そして「（担任の）先生も同じだよ。家のきょうだいもいるけど、みんなきょうだいみたいに仲がいいんだ」と言っていました。

10

11

5歳児のDくんも力を発揮して、3歳児の子にお茶をくんであげていました。

場面 3

みんなで考える

伊藤　このクラスでは、何か起きたときには必ずみんなが集まってきます。特に5歳児は、幼い子どもたちが困っていることがないか、いつも気にかけているようです。自分たちも遊んでいる最中だったり、片づけや準備をしているところだったりするのですが、子どもは、ほかの子どものことを、よく感じ取っているのだなあと思います。

子どもたちがそんなふうに育っているのは、保育者自身が身をもってそうしているからでしょう。大事な場面には必ず保育者が来てくれて、子どもたち自身が解決していく過程を支えてくれています。保育をよく見て、感じているからできることだと思います。誰も置き去りにされることはないんだという信頼が、クラス集団の中に広がっています。

西　トラブルの解決そのもの以上に、みんなが自分なりの個性を持ち寄って一緒に考える、その過程に意味があると思います。

伊藤　Hくんの言葉でみんなが納得したのですが、最初からそう言えば

給食の時間には、それぞれに用意をし、今日はここで食べたいという席を選んですわります。今日、Eくんは同じ3歳児のFくんの隣にすわりたくて、そこにあったいすにかけました。ところがそのいすは、Gちゃんが用意していたものだったのですわれず、少し泣きそうになってしまいました。5歳児たちはすぐに気づいて、集まってきました。最初にやってきた（写真⓫の）Dくんは、事情を3歳児たちに尋ねましたが、はっきりしなかったので、「ジャンケンにしよう」と提案します。ところが3歳児同士では、ジャンケンがスムーズにいきません。それでDくんは「ぼくとジャンケンして、勝ったほうがすわれることにしよう！」と言ったのですが、「あいこだったらどうするの？」などという声もあって、それで解決とはいかないようです。

12

先生も来てくれて、話を聞いたり、いろいろな考えを提案したりするものの、なかなか話し合いはまとまりません。そんな中で今までずっとみんなの話を聞いていたHくん（4歳児）が、「そんなにEくんがFくんの隣がいいんだったら、ぼくがもうちょっと寄ったらここが空くから、Fくんのそばにすわれるよ」と言いました。それでみんなが落ち着いて、無事給食を食べることができました。

よかったかというと、そうでもないかもしれません。ずっとみんなの話を聞く過程があったからこそ、そう言えたのではないでしょうか。

西　異年齢保育については、年長の子が年少の子を助けてあげたり、モデルになったりする利点があるといわれています。でも、それを固定観念にすることはないでしょう。この場面のように、4歳児がいい提案をしてくれることもあります。

異年齢クラスとは、いつも決まった上下関係があるのではなく、さまざまな個性が発揮される場なのだと思います。子ども自身がたとえてくれていますが、「みんなきょうだいみたいに仲がいい」というのは、そういうことですよね。年下の子にも、その子だからこそ果たせる役割があります。

Hくんの優しさは印象的ですが、その子ひとりの力というよりも、みんなで話し合う過程が、Hくんの言葉に結実したのだと思います。異年齢保育に限らず、多様な個性や違いが生かされ、尊重される場を築くことが、クラス集団にとって大事なのではないでしょうか。

保育を考える キーワード ❻

「一人とも、みんなとも」

―― 子どもたちのことを、いつも思っていること

クラスを最後に出る子と一緒に（p.105）。

「個」と「集団」をどうとらえるかは、保育にとって永遠の課題ともいえるでしょう。どちらか一方を選ぶということではなく、「一人とも、みんなとも」をどう実現するか、保育者はいつも考えているのだと思います。

本書で取り上げてきた保育者たちは、それぞれに「一人とも、みんなとも」を実践されていました。3歳未満児については、たまたまどの園も担当制をとっているのですが、生活面では一人ひとりのリズムを大切にした家庭的なかかわりをしながら、遊びの場面では担当以外にも広く関係を持つ中で、豊かな遊びが展開されていました。

「流れゆく一日」（p.102～105）では、園庭への移動時にクラスを出るのが最後になってしまった子に、保育者が優しくつき合っていました。普段からどの子の話もよく聞いてくれる保育者ですが、きっとこの子のことも普段から考えていて、いろいろな場面を見つけてかかわろうと思っておられたのだろうと思います。

「支える手」（p.94～97）に登場する保育者は、何か起こったときにはいつでも気づいて、子どもたちと話し合っていました。保育者の一生懸命な姿に触れているからこそ、ほかの子どもたちもすぐに集まってきたのでしょう。一人の子どもにかける言葉であっても、ほかの子どもも聞いて、その子なりに考えているものです。一緒に考える体験が、クラス全体を育てていくのだと思います。

（伊藤美保子）

保育者も、子ども同士も、真摯に向き合う（p.95）。

おわりに

保育を体験したあと、それを振り返るのは、楽しいひとときです。子どもたちが活躍する姿や、不意に見せてくれた優しさなど、たくさんの思い出が浮かんできます。もちろん難しい場面も数々あるし、あの子の呼びかけ、この子の訴えに、どれだけ応えることができただろうかと思い返すこともあります。どうしても心にかかる場面を振り返るとき、一緒に考えてくれる人がいたなら、それは保育者にとって大きな力になるでしょう。また、園から帰ったあとも、子どもは子どもなりにいろんなことを考え、成長しているものです。そんな過程を経て次に出会うときには、また昨日思っていたのとは違う、新しい展開が見えてくるでしょう。

保育の「省察」とは本来、こんな体験なのだと思います。保育者たちも、子どもたちも、それぞれに思いを深めながら、ともに歩み、語り合い、新たな保育を創造していく過程です。本書をまとめるにあたり、私たちも5年近くにわたって続けてきた連載を懐かしく振り返りながら、「省察」の体験をしているように思います。保育への思いや理解を深める体験を、読者の方々とともにすることができれば幸いです。

ご協力いただき、心ある保育を実際に見せてくださった、各園の先生方に感謝いたします。子どもを本当に大切にする園のあり方や、一人ひとりの先生がその個性をもって保育を展開される様子に触れられたことは、かけがえのない学びでした。保護者のみなさまには、掲載をご承諾いただき、ありがとうございました。子どもたちと一緒に楽しんで見ましたという声をいただいたときには、大変うれしく、力づけられました。何よりも、育ちゆく素敵な姿を見せてくれた、子どもたちに感謝いたします。

保育の中で感動したこと、学んだことを形にしたいと考えていたとき、小学館『新幼児と保育』誌の阿部忠彦編集長から連載の機会をいただき、のちには同誌編集者の佐藤暢子氏にも携わっていただいて、一冊の本にまとめることができました。新しい読者との対話の場を与えてくださったことに感謝いたします。

この本を通して、子どもたちへの思いを込めて、保育の実際を語り合う輪が広がることを願っています。

西　隆太朗・伊藤美保子

著者

西 隆太朗（にし　りゅうたろう）

お茶の水女子大学教授

保育における関係性の意義について、子どもたちとかかわりながら、保育学的・臨床心理学的研究を進めている。著書『子どもと出会う保育学―思想と実践の融合をめざして』（ミネルヴァ書房）、『相互性の心理臨床入門』（創元社）、共著『動画で学ぶ乳児保育――0・1・2歳児の遊びと援助』（ひとなる書房）ほか。

伊藤美保子（いとう　みほこ）

ノートルダム清心女子大学准教授

保育士を長年務め、子どもたちの姿にひきつけられて、保育の観察研究を続けている。共著『写真で描く乳児保育の実践――子どもの世界を見つめて』（ミネルヴァ書房）ほか。

撮影	伊藤美保子、西 隆太朗（53ページのみ）
映像編集・音楽	西 隆太朗
単行本デザイン	和田美沙季（レジア）
連載担当・単行本編集	佐藤暢子、阿部忠彦（小学館）
単行本校正	別府由紀子

撮影協力

社会福祉法人倉敷福祉事業会 昭和保育園（岡山・倉敷市）p.10、18、38、42、46、50、62、66、98、102
社会福祉法人倉敷福祉事業会 連島東保育園（岡山・倉敷市）p.20、58、70、80、94、106
社会福祉法人岡山厚生会 ひまわり乳児保育園（岡山・倉敷市）p.14、32
倉敷市田の口保育園（岡山・倉敷市）p.24、28
社会福祉法人無量会 若杉保育園（岡山・倉敷市）p.88
学校法人有朋学園 かえで幼稚園（広島・廿日市市）p.76
ノートルダム清心女子大学附属幼稚園（岡山・岡山市）p.84

本書は、『新 幼児と保育』（2021年4/5月号～12/1月号、2022年春号・秋号、2023年冬号・春号・夏号、2024年冬号・夏号）、『0・1・2歳児の保育』（2020 夏・秋冬、2021 夏、2022 春・夏・秋冬、2023 春・秋冬、2024春・夏）に掲載した記事に加筆し、再構成したものです。
＊掲載した写真は、一部加工したものがあります。

新 幼児と保育 BOOK

0～5歳児保育の写真・動画から学ぶ

保育を見ること、語り合うこと

2024年11月4日　初版第1刷発行

発行人　北川吉隆
発行所　株式会社 小学館
〒101-8001 東京都千代田区一ツ橋2-3-1
編集　03-3230-5686
販売　03-5281-3555
印刷所　TOPPAN株式会社
製本所　株式会社若林製本工場

小学館webアンケートに感想をお寄せください。
毎月100名様 図書カードNEXTプレゼント!
読者アンケートにお答えいただいた方の中から抽選で毎月100名様に図書カードNEXT500円分を贈呈いたします。
応募はこちらから!▶▶▶▶▶▶▶▶▶▶
http://e.sgkm.jp/840242
（保育を見ること、語り合うこと）

© Nishi Ryutaro, Ito Mihoko 2024
Printed in Japan

ISBN 978-4-09-840242-7

造本には十分注意しておりますが、印刷、製本などの製造上の不備がございましたら「制作局コールセンター」（フリーダイヤル0120-336-340）にご連絡ください。（電話受付は、土・日・祝休日を除く9：30～17：30）
本書の無断での複写（コピー）、上演、放送等の二次使用、翻案等は、著作権法上の例外を除き禁じられています。
本書の電子データ化などの無断複製は著作権法上の例外を除き禁じられています。
代行業者等の第三者による本書の電子的複製も認められておりません。